"十四五"职业教育国家规划教材

U0694145

| 职业教育电子商务专业 系列教材 |

# 网店美工实战

## （第2版）

主　编／孙　令　陈寿杰

副主编／陈浩翔

参　编／（排名不分先后）

王　薇　孔令毅　李明璇　李海辉

邱佩娜　何丽丽　唐晓婷　黄芬楠

葛晓晓

重庆大学出版社

## 内容提要

本书围绕电子商务行业发展趋势组织编写，采用"项目→任务→活动"的编写体例，借鉴、运用了教育部专家姜大源教授"基于工作过程系统化"的理念，以企业真实案例为基础，展现企业在不同商品类型、不同产品定位情况下的美工设计。本书以商品类型为载体，设置了玩具、手机配件、食品、箱包、服装五个情境，操作由浅入深。本书编写小组根据电子商务从业人员的素质要求，在每个情境中加入了思政内容，以培养具备社会主义核心价值观的高素质电商人才。

本书可作为职业院校电子商务专业、移动商务专业等相关专业美工类课程教材，也可作为从事电商美工人员的参考用书或电子商务爱好人士的读物。

**图书在版编目（CIP）数据**

网店美工实战 / 孙令，陈寿杰主编. --2版. --重庆：重庆大学出版社，2022.12（2024.8重印）
职业教育电子商务专业系列教材
ISBN 978-7-5689-2184-8

Ⅰ.①网…　Ⅱ.①孙…②陈…　Ⅲ.①网店—设计—职业教育—教材　Ⅳ.①F713.361.2

中国版本图书馆CIP数据核字（2021）第195914号

职业教育电子商务专业系列教材

网店美工实战（第2版）
WANGDIAN MEIGONG SHIZHAN
主　编　孙　令　陈寿杰
副主编　陈浩翔
策划编辑：王海琼
责任编辑：王海琼　　版式设计：原豆设计
责任校对：王　倩　　责任印制：赵　晟
*
重庆大学出版社出版发行
出版人：陈晓阳
社址：重庆市沙坪坝区大学城西路21号
邮编：401331
电话：（023）88617190　88617185（中小学）
传真：（023）88617186　88617166
网址：http://www.cqup.com.cn
邮箱：fxk@cqup.com.cn（营销中心）
全国新华书店经销
重庆亘鑫印务有限公司印刷
*
开本：787 mm×1092 mm　1/16　印张：11.5　字数：228 千
2020年6月第1版　2022年12月第2版　2024年8月第5次印刷
印数：10 001—15 000
ISBN 978-7-5689-2184-8　定价：49.00元

## 编写人员名单

**主　编**

孙　令　东莞市电子商贸学校

陈寿杰　东莞市百达连新电子商务有限公司

**副主编**

陈浩翔　东莞市经济贸易学校

**参　编**（排名不分先后）

王　薇　东莞市商业学校

孔令毅　东莞市电子商贸学校

李明璇　晋江市晋兴职业中专学校

李海辉　中山现代职业技术学校

邱佩娜　广州市纺织服装职业学校

何丽丽　河北经济管理学校

唐晓婷　东莞市经济贸易学校

黄芬楠　佛山市顺德区龙江职业技术学校

葛晓晓　佛山市顺德区北滘职业技术学校

党的"十九大"报告指出，要完善职业教育和培训体系，深化产教融合、校企合作。2017年12月7日，国务院办公厅专门印发了《关于深化产教融合的若干意见》，对新时代条件下促进产教融合提出了新的意见和政策。2019年，国家发改委、教育部等6部门印发《关于印发国家产教融合建设试点实施方案的通知》，将产教融合推向新的高度。

本教材以习近平新时代中国特色社会主义思想为指导，在认真学习领会产教融合重要思想的基础上，充分利用企业资源，与企业合作编撰而成。在教材结构设置上，编者认真学习并领会了教育部职业技术教育中心研究所研究员姜大源教授"基于工作过程系统化"的课程开发理念，分析企业网店美工典型工作任务、工作流程及技能要求，以商品类型为载体，按照企业真实项目实施过程，设定5个学习情境。本课程有以下特征：

1.真实案例。本教材的学习情境均来自企业实际网店美工的项目，案例真实。部分案例为了教学内容的安排做了适当处理，但尽量保持了真实性，学生学习每一个情境都可以感受一次企业真实的项目实战。

2.全程实战。本教材学习情境的设定，是基于企业网店美工的典型工作任务，参照了企业真实的网店美工的工作过程，首先是视觉设计方案的制订，然后是美工设计，最后完成图片上传，全过程地体验企业实战。

3."同"与"不同"。本教材设计了5个情境，每个情境的大致架构基本一致，重

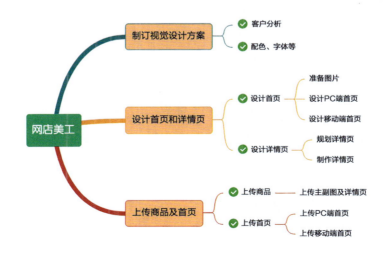

复体现了网店美工的主要流程，确保学生能够掌握。每一个情境的具体内容根据商品情况和视觉设计方案而变化，这一不同确保内容的丰富性。这种"同"与"不同"，打破了传统网店美工教材的顺序式教学，避免出现学了后面忘记前面的尴尬局面。

4.难易分层。本教材的一个情境就单独地体现了企业网店美工的工作过程，不同层次的学生基础不同，在学习过程中掌握的水平会存在差异。考虑到学生的这一情况，教材中的5个情境采用了由浅到深、由易到难的递进式设置，基础较差的学生仅需掌握前3个情境的内容，学有余力的学生可以掌握5个情境的内容。

本教材在第1版的基础上，修改部分知识性错误，增加了以二维码为载体的知识拓展，学生通过二维码获得更加丰富的学习内容。另外，根据党的二十大精神的指导，本次修订还增加了思政内容，可以帮助学生发现专业领域的真善美，帮助学生树立正确的人生观与价值观、陶冶学生的家国情怀、激发学生的远大理想抱负、增进学生的人文素养。

本教材配套资源包括电子课件、电子教案、电子素材等内容，可在重庆大学出版社的资源网站（www.cqup.com.cn）下载。

为确保高质量完成教材的编写，编者邀请了5所学校优秀的一线教师参与。本教材由孙令、陈寿杰担任主编，陈浩翔担任副主编，王薇、孔令毅、李明璇、李海辉、邱佩娜、何丽丽、唐晓婷、黄芬楠、葛晓晓参与了教材的编写工作。姜大源教授也两次亲临指导教材的编写工作，在此，对姜大源教授的辛勤付出表示衷心的感谢。

由于编者水平有限，如有不足之处，请批评指正。联系邮箱：outmale@163.com。

编 者

2021 年 7 月

2019年，国务院印发《国家职业教育改革实施方案》，该文件强调：改革开放以来，职业教育为我国经济社会发展提供了有力的人才和智力支撑，随着我国进入新的发展阶段，产业升级和经济结构调整不断加快，各行各业对技术技能人才的需求越来越紧迫，职业教育的重要地位和作用越来越凸显。

职业教育培养目标是使职业院校毕业生获得某一特定职业或职业群所需的实际能力。职业院校的毕业生能将所学的知识和技能运用于企业的岗位工作，才能算真正掌握了职业或职业群所需的实际能力，所以实战类课程是提升职业教育育人效果的重要途径。本教材适合有较好的Photoshop应用基础、有一定网店美工基础的电子商务或视觉设计类专业的学生使用。在本教材编写过程中，编者认真学习领会了教育部职业技术教育中心研究所研究员姜大源教授的"基于工作过程系统化"课程开发理念，分析企业网店美工典型的工作任务及技能要求，以商品类型为载体，设定5个学习情境。本课程有以下特征：

1.真实案例。本教材的学习情境均来自企业实际网店美工的项目，案例真实。部分案例为了教学内容的安排做了适当处理，但尽量保持了真实性，学生学习每一个情境都可以感受一次企业真实的项目实战。

2.全程实战。本教材学习情境的设定，是基于企业网店美工的典型工作任务，参照了企业真实的网店美工的工作过程，首先是视觉设计方案的制订，然后是美工设计，最后完成图片上传，全过程地体验企业实战。

3."同"与"不同"。本教材设计了5个情境，每个情境的大致构架基本一致，重复体现了网店美工的主要内容，确保学生能够掌握。每一个情境的具体内容根据商品情况和视觉设计方案而变化，这一不同确保内容的丰富性。这种"同"与"不同"，打破了传统网店美工教材的顺序式教学，避免出现学了后面忘记前面的尴尬局面。

4.难易分层。本教材的一个情境就单独地体现了企业网店美工的工作过程，不同层次的学生基础不同，在学习过程中掌握的水平会存在差异。考虑到学生的这一情况，本教材中的5个情境采用了由浅到深、由易到难的递进式设置，基础较差的同学仅需掌握前3个情境的内容，学有余力的学生可以掌握5个情境的内容。

本教材配套资源包括电子课件、电子教案、电子素材等内容，可在重庆大学出版社的资源网站（www.cqup.com.cn）下载。

为确保高质量完成教材的编写，编者邀请了5所学校优秀的一线教师参与。本教材由孙令、陈寿杰担任主编，陈浩翔担任副主编，孔令毅、李海辉、李明璇、葛晓晓、黄芬楠、邱佩娜、何丽丽、唐晓婷、王薇参与了教材的编写工作。姜大源教授两次亲临指导教材的编写工作，在此，对姜大源教授的辛勤付出表示衷心的感谢。

由于编者水平有限，若有不足之处，请批评指正。

联系邮箱：outmale@163.com

编　者

2020年1月

# 目录

## 情境3　食品类店铺的网店美工

## 情境4　箱包店铺的网店美工

## ▎▎▎ 情境 5　服装店铺的网店美工

# 情境 1
# 玩具类店铺的网店美工

## ▢ 情境导航

　　宝宝智能玩偶公司计划在淘宝网店推出智能玩偶。小李是某职业院校的毕业生，他接受了宝宝智能玩偶店美工的工作，计划从以下任务入手：

　　（1）制订视觉设计方案。宝宝智能玩偶店定位为儿童品牌玩具，为了使网店装修符合品牌形象，公司计划设计网店视觉效果。

　　（2）设计首页。首页是店铺的门面，在新的视觉设计方案中，需要体现品牌的活泼、童趣。首页设计包括 PC 端和移动端。

　　（3）设计详情页。设计详情页是网店美工的重点任务，详情页的设计风格直接体现商品的本质和特征。

　　（4）上传商品。按照店铺视觉设计方案，设计主副图，并将主副图和详情页上传到店铺。

　　（5）上传首页。上传商品后，必须准确地上传 PC 端和移动端店铺首页，以确保首页各个商品都有准确的超链接。

## ▢ 学习目标

　　通过本情境的学习，应达到的具体目标如下：

### ● 知识目标
了解视觉设计方案内容；
了解玩具类商品客户定位及心理分析；
了解商品抠图的方法；
了解淘宝网店装修的基本要求；
了解淘宝网店网店美工工作流程。

### ● 能力目标
能制订简单的视觉设计方案；
能运用快速选择工具完成商品抠图；
能完成比较简单网店美工工作。

### ● 素质目标
提升学生职业认同；
提高学生解决问题的能力；
培养学生正确的审美观；
提高学生法治意识。

# 任务1
# 制订视觉设计方案

## 活动　制订玩具类店铺视觉设计方案

### 1.客户群体定位与风格

宝宝智能玩偶店是一家经营智能交互式玩具的店铺,公司以"快乐成长,智能陪伴"的理念致力于开发能够真正给予孩子陪伴的产品。智能玩偶店玩具定位为儿童品牌玩具,主要客户群体为3~10岁儿童的父母或亲朋好友、长辈等,这些客户具有以下特征:

①对儿童爱护有加。

②相对于价格来说,更注重玩具的质量和款式。

### 2.客户群心理分析

智能玩偶店铺客户为3~10岁儿童的父母及长辈,视觉设计一定要符合这一群体的消费心理。智能玩偶店客户心理具有以下特征:

①高品质的消费理念;

②注重质量和安全性;

③对品牌氛围有一定要求。

### 3.配色基调

根据色彩的特性,不同的色彩能给人不同的感受。儿童品牌玩具从色彩上如何去表现? 玫红色、蓝色能给人青春靓丽的感觉,粉红色、粉蓝色能让人感受到童趣。

了解更多配色知识

智能玩偶店将主色调定为玫红色,辅助色调定为蓝色、粉红色、白色,如图1.1所示。

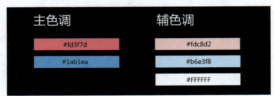

| 主色调 | 辅色调 |
|---|---|
| #fd3f7d | #fdc8d2 |
| #1ab1ea | #b6e3f8 |
| | #FFFFFF |

图1.1　配色表

### 4.字体选择

字体尽量时尚活泼,根据智能玩偶的特点以及客户定位,智能玩偶店选用微软雅黑以及方正兰亭黑简体(方正系列字体可能存在版权问题,可以换成近似字体)。

**阶段练习**

（1）搜索并下载教材中提到的字体。

（2）根据本活动的配色方案，尝试制作一幅广告图。

# 任务2
# 设计首页

对于一个正常运营的店铺而言，好的店铺首页和整体形象可以让推广事半功倍。如何才能设计出适合自己商品的店铺风格呢？一个完整的店铺首页一般包括店铺页头（店招、导航）、活动促销（海报）、店铺商品、店铺页尾（客服中心、购物保障、发货须知）几大模块。

## 活动1  准备图片

### 1.图片选择

为了迎接下半年的销售旺季，公司开发了一款名为"露露"的智能玩偶。为了配合营销计划，我们在选择图片的时候，选择了适合制作海报的露露商品图片和露露智能玩偶的部分场景图，以及其他三件风格类似的玩具产品，作为店铺推荐商品在首页进行展示，以增加首页的信息量，这也是商品引流的一种方法。

### 2.图片处理

商品拍摄工作室给我们的图片一般是没有经过处理的拍摄原图，可能会存在背景干扰、商品污点瑕疵、色彩暗淡等方面的问题。所以我们必须对商品拍摄的原图进行处理，最终形成干净的白底图。

常用的抠图方法

步骤1：抠图。在本情境素材中打开露露拍摄图，由于玩具涉及毛发，因此需要在保留毛发细节的前提下把主背景抠除，具体操作如下：

（1）复制一个图层，以备后期修改，如图1.2所示。选中图层1，切换到通道面板，找到绿色通道。右键单击绿色通道，复制通道，得出"绿 拷贝"通道，隐藏掉其余通道，只显示"绿 拷贝"这个通道，按快捷键"Ctrl+I"（反色）。

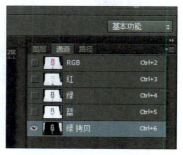

图1.2  复制绿通道并反色

（2）按快捷键"Ctrl+L"（调整色阶），让头发部分全部变成白色（根据自己所选择的图片调整色阶数值，数值不是固定的），如图1.3所示。

图1.3　调整色阶

（3）点击"绿 拷贝"的缩略图，载入选区，取消隐藏所有的通道，隐藏"绿 拷贝"通道，回到图层。得到如图1.4所示选区图样（头发已经选中了）。复制一个新的图层，保存头发图层。

图1.4　选区图样

（4）用快速选择工具在原图上把人物的脸、身体抠出来，拖入头发图层，最后将两个图层合并，就得到一个完整的娃娃透明图层，如图1.5所示。

图1.5　完整娃娃的透明层

步骤2：瑕疵修复。修复主要是对商品本身存在的一些缺陷进行修复。本次处理的图片，商品部分没有瑕疵，不用做修复处理，但是娃娃的脸部和小腿需要做瑕疵修复，如图1.6所示。

修复具体操作如下：放大图片，看到需要修复的位置，使用污点修复画笔工具，在需要修复的位置处涂抹，松开鼠标即可，如图1.7所示。

图1.6　图片瑕疵　　　　　　　　　　　图1.7　图片瑕疵修复

步骤3：调色。儿童玩具强调色彩活泼明快，由于拍摄灯光照射使整体色调偏白、偏灰，因此需要对商品进行色彩校正处理。

（1）选择图层，按快捷键"Ctrl+M"打开"曲线"对话框，根据画面需要调整数值，使其图像颜色更加鲜艳，如图1.8所示。

图1.8　曲线工具使颜色更鲜艳

（2）按快捷键"Ctrl+B"打开"亮度/对比度"对话框，将整体颜色调亮，并且增加对比度，如图1.9所示。

图1.9　调整对比度

首页的其他图片可以采用类似的方法，完成图片处理。

**阶段练习**

从本情境素材包中挑选部分产品完成图片处理。

## 活动2　设计PC端首页

首页装修问题
与技巧

### 1.首页规划

网店首页就像实体店的门面,店铺首页如何能获得买家的喜爱呢? 可以从以下几个方面进行思考和设计:

(1)统一风格、突出主题

杂乱的装修会降低店铺的档次,最好是店铺里面所有的内容都统一色调风格。具体的风格需要参照店铺的定位和产品的卖点,"宝宝智能玩偶"店铺主打产品是儿童智能玩具,装修风格应该体现"童真""智能""陪伴"等品牌形象,用粉红、天蓝等颜色突出俏皮可爱的特征。

(2)界面简约、条理清晰

在设计首页时,需要在营造页面氛围的同时,展示重点推广的商品和已有的优惠信息。一般首页有固定的格式,最上面是店招导航,接下来是轮播广告图,用于展示最新的促销活动、爆品、明星产品等,店铺的其他主打产品也可以放在首页位置,多类目的店铺可以按照商品类别来进行商品推荐,一个类目占一个模块。底部区域可以放上客服、售后保障等信息。

### 2.店招设计

店招可以表明店铺所售商品或服务项目,可以传递店铺的经营理念及品牌优势,也可以展示出店铺的特价活动及促销方式。在淘宝店铺中,店招的大小一般为950像素×120像素,但是为了配合全屏海报及店铺首页的整体效果,一般将店招做成1 920像素×150像素,其中120像素用于放店招常规信息,剩下30像素用于放分类导航。为了让不同分辨率的计算机都能看到完整的店招内容,一般也将内容设置在中间950~1 366像素区域中。

宝宝智能玩偶的店招我们准备放入Logo、店铺名称及宣传语、热卖商品、导航栏等内容。操作步骤如下:

步骤1:设置背景。打开Photoshop,新建宽度为1 920像素,高度为150像素的图片,图片名称为店招。用渐变工具填充背景,并将准备的素材粉红色太阳花等放入合适的位置,如图1.10所示。

步骤2:添加Logo及店铺名称。将公司的Logo添加到左上方,店铺名称采用微软雅黑字体,设置字体大小为35,颜色为19b1e9。为了体现店铺的品牌特征,选定"快乐成长　智能陪伴"作为店铺的宣传语,采用灰色的字放在店铺名称下方,最后用图形工具绘制收藏按钮,如图1.11所示。

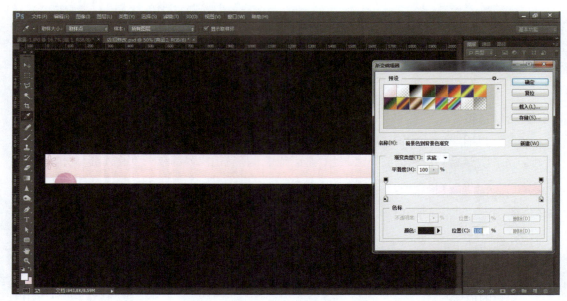

图1.10 设置店招背景

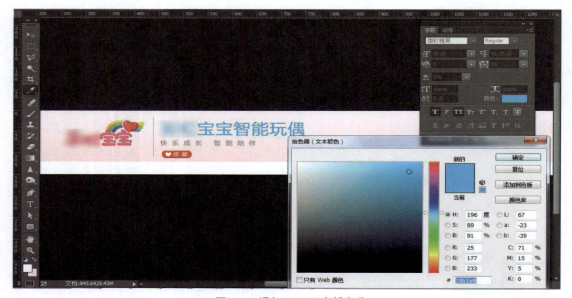

图1.11 添加Logo及店铺名称

步骤3：添加主推商品。将主打产品"露露"用剪贴蒙版工具适当添加投影，如图1.12所示。

图1.12 添加主推商品

步骤4：添加导航栏。最终效果如图1.13所示。

图1.13 店招最终效果图

### 3.绘制首页背景和框架

首页除了店招，还有全屏广告、优惠信息、主推商品等信息。为了提升消费者阅读体验，每一个模块的内容尽可能排在一屏范围之类。目前市面上大部分的计算机分辨率的高度设置为768像素或1 080像素，这里以768像素为标准，因此每一个模块高度设置在500像素左右，根据实际情况进行安排。

为体现店铺定位的童趣，采用天蓝色（b6e3f8）和浅粉色（fdc8d1）两种颜色为基调，用钢笔工具勾勒出曲线，划分出模块，曲线也使得页面更为活泼。

在粉色的模块中，首先用白色大小不一的色块作为底纹，增加图形的立体感和高级感。接着用太阳笑脸、白云、气球等素材丰富首页，进一步增加首页的童趣，最后形成首页模块效果图，如图1.14所示。

图1.14 添加太阳、白云素材

### 4.制作海报

在店招下面，第一屏的海报是最能吸引消费者的，一张惊艳的首页海报能够提高主推商品的转化率，这里的海报我们围绕主推宝贝"露露"进行设计。操作步骤如下：

步骤1：在之前做好的首页PSD文件中进行分组，命名为"海报组"，所有图层都放在这个组下面，方便修改。

步骤2：通过前面的步骤，我们处理了拍摄原图，在处理好的图片中筛选一到两张备用。

步骤3：首先使用钢笔工具在海报和优惠券之前勾勒出一定区域，并填充为白色，营造云朵的感觉，与首页蓝天白云的样式进行呼应。然后把选好的"露露"图片放在画面左右两边，如图1.15所示。在小熊手中放入兔子气球的素材，增加画面的活泼感。

图1.15　添加宝贝"露露"

步骤4：在画面正中间输入文字"玩具总动员　全场7折起"，采用卡通俏皮的字体，颜色选择和背景同色系的深粉色（f9667f），最后对素材、图片背景进行调整让其融合更具有整体性，进一步增加画面的可爱属性，最终效果图如图1.16所示。

**阶段练习**

（1）查一查，确定首页各类图片的尺寸。

（2）参照教材中的案例，规划自己的玩具类商品店铺首页。

（3）店招一般包含哪些内容？

（4）以"六一"儿童节为主题，设计一张本店铺的店招。

图1.16　海报最终效果图

## 活动3　设计移动端首页

目前, 移动端的流量已经远远超过PC端, 在注意PC端店铺形象的同时, 移动端店铺的形象和设计甚至更为重要。由于移动端屏幕分辨率和PC端屏幕分辨率差别很大, 因此在图片大小和设计上也存在一些差异, 如图1.17所示。移动端店铺首页的装修采用的是模块化拖曳的方式, 系统总共提供了宝贝类、图文类、营销互动类和其他类等4个类别, 有几十个不同的模块供选择。这里主要选用图文类的双列图片模块和单列图片模块进行操作。

图1.17　移动端店铺首页的装修页面

**1.制作移动端店招**

移动端店招大小为750像素×580像素。由于移动端店招上传后，将以背景的形式展示，并呈现渐变效果，如图1.18所示。在设计的时候要考虑实际效果，不用与PC端店招一样放很多促销和优惠信息。一般而言有以下几种处理方式：

图1.18　移动端店铺首页的装修页面

①把模特图作为简单背景底图来使用，不仅迎合了店铺的销售气氛，也能让消费者在第一时间了解店铺中的主营商品。

②为移动端店铺的店招底图选择一张背景图片，搭配上简洁的文字描述，控制图片与文字色彩的对比度，让消费者可以清晰地阅读文字，如图1.19所示。

图1.19　带文字的店招案例

这里直接采用带商品的图片作为背景当作店招，准备一张750像素×580像素大小的背景图上传到指定位置，查看预览效果，进行简单的调整。

**2.制作优惠券模块**

优惠券对提高转化率和客单价（设置使用门槛）有一定帮助，在需要的时候可以把优惠券放在移动端首页。不过优惠券没有现成的模块，需要通过自定义模块添加，不推荐初学者使用。为了视觉效果，移动端首页可以采用双列图片模块添加5元和15元的优惠券，可以根据PC端首页的优惠券模块更改，图片大小设置为351像素×150像素，效果图如图1.20所示。

图1.20　移动端店铺优惠券

**3.制作商品推荐模块**

PC端首页将"露露"这款产品制作成了海报,在移动端页面进行商品展示的时候,最好用最少的文字和有视觉冲击力的图片,这样更符合移动端的阅读习惯。

这里也可以根据首页的海报模块进行更改,值得注意的是,宽度是750像素,高度为200~950像素,两旁也不用和PC端一样留白。最终制作完成的移动端效果图,如图1.21所示。

图1.21　移动端首页效果图

**阶段练习**

(1)尝试使用宝贝类、图文类、营销互动类及各类别下面提供的模块。

(2)完成移动端店铺首页的制作。

# 任务3
# 设计详情页

详情页的宽度一般是750像素和950像素,详情页最大的作用是吸引顾客浏览,让顾客留在详情页,用特点、功能、细节、实物展示、产品资质等打消顾客心中的顾虑,最后加上引导咨询客服,最终促使成交,提升转化。

## 活动1  规划详情页

在设计详情页时,美工首先要根据对消费者的分析以及自身产品卖点的提炼,根据宝贝的风格和定位,准备所用的设计素材和文案并确立宝贝详情的用色、字体、排版等。详情页前半部分述说产品价值,后半部分培养顾客的消费信任感。对于消费者,信任感不仅通过各种证书、品牌认证的图片来树立,使用适当的颜色、字体,还有排版结构,对赢得顾客消费信任感也会起到重要的作用。详情页每一块的组成都有它的价值,都要经过仔细的推敲和设计。详情页的描述基本遵循的顺序:①引发兴趣;②激发潜在需求;③赢得消费信任;④替客户做决定。

特别要注意的是,由于客户不能真实体验产品,宝贝详情页要打消买家顾虑,从客户的角度出发,关注最重要的几个方面,并不断强化。通过详情页告诉顾客:我是做这个的专家,我很值得信赖,买家买了都说好,正好店铺有活动,现在下单价格最优。一般而言,详情页面包含以下几个方面:

①创意情景海报。最开始的大图是视觉的焦点,背景应该采用能够展示品牌调性及产品特色的意境图,可以第一时间吸引买家注意力。

②宝贝卖点。根据FAB法则排序,F: 特性;A: 作用;B: 好处。产品有哪些与众不同之处,有什么作用,能给顾客带来什么好处。

③宝贝规格、参数。比如服装类就可以附上尺码参照表。

④模特全方位展示。

⑤细节展示。

⑥包装展示。

了解商品详情页知识

⑦店铺、产品资历证书以及品牌门店、车间展示,以此烘托出店铺的实力。

⑧售后保障、物流说明。解决顾客未知、已知的各种问题,消除顾客最后的担忧。

我们最终选用了创意情境海报、宝贝参数卖点、细节展示作为宝宝智能玩偶店铺详情页的模块。

**阶段练习**

（1）FAB法则是什么?

（2）详情页的描述基本遵循的顺序是：①引发兴趣；②激发潜在需求；③赢得消费信任；④替客户做决定。试着分析几个详情页面 是否遵循了以上规律。

（3）给你自己的店铺规划一个详情页面。

## 活动2　制作详情页

### 1.创意情境海报制作

用户购买商品，会重点关注商品形象，创意情境海报需要让客户对商品有一个直观的认识。这一张图传递的信息是整个详情页的基调，所以这里需要注意三个问题：第一，选对图片；第二，传递商品价值；第三，美观大方，与店铺整体风格一致。本次选用的商品是"露露"，其本身就是一个比较出名的IP，因此制作时可以借助"宝宝智能玩偶"的影响力。

具体操作步骤如下：

步骤1：打开Photoshop，新建图片，宽度为790像素，高度可以设定在8 094像素左右，也可以根据个人习惯自己设定。如果作图过程中图片高度不够，可调整画布大小以增加画布高度。制作完成后，如果图片没有占用相应的像素，可以将多余的部分裁剪掉。添加水平参考线，位置1 024像素，控制宝贝形象图片的高度，不能超过屏幕的高度。

图1.22　添加文案

步骤2：处理好的商品图，加入装饰元素。考虑整体美感和详情页的篇幅，通过剪贴蒙版控制显示区域。

步骤3：添加文案。添加文字可以对图片进行补充说明，这里主要使用了幼圆字体，加粗。文字颜色为白色，文案内容："正品授权 宝宝玩偶一款智能玩偶 会说话 会走路 宝宝爱不释手"。完成宝贝形象图的制作，如图1.22所示。

### 2.产品参数、卖点图制作

（1）人物介绍部分

步骤1：背景制作。新建图层，选择路径工具绘制波浪线图形，此步骤可以借用形状工具内的相似图形进行组合。补充绘制矩形，整体高度控制在630像素，图形填充颜色（f58ea0）。为了让效果更丰富，可多复制一层，调整半透明状态放于底层，如图1.23所示。

步骤2：添加文字说明。添加圆角矩形形状图层，半径为30像素，颜色为白色。导入露露素材，并缩小放在指定位置。下行添加文案内容，文字选用幼圆字体，字号为23，加粗，颜色为411f00。使用同一方法制作另一组人物说明，如图1.24所示。

图1.23　绘制背景　　　　　　　　　　　图1.24　人物介绍效果图

（2）功能说明部分

步骤1：格线。选择"视图"→"显示"→"网格"，作为参考。由于打开的是默认网格，因此需要进行参数修改。选择"编辑"→"首选项"→"参考线"或"网格、切片"，设置网格线间隔：1.5 cm；子网格：1 cm。

步骤2：选择直线条工具，类型为像素，颜色为f58ea0。根据网格参考线画出格子，画完后将参考线关闭即可，如图1.25所示。

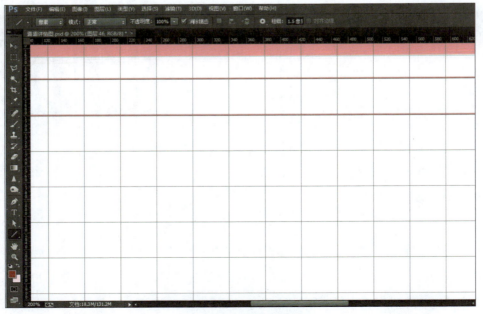

图1.25　绘制网格线

步骤 3：绘制波浪形状，这一步和人物介绍部分波浪线绘制的步骤类似，也可直接复制，进行水平翻转得到。

步骤 4：导入"露露"素材，选择圆角矩形工具，类型为形状图层，半径为60像素，固定大小：675像素×835像素，适当添加投影。素材放于"露露"素材下方。选择"露露"素材，右击，选择"创建剪切蒙版"，如图1.26所示。

步骤5：添加文案。图中有两项文案内容：露露标题、卖点说明，最终整体效果如图1.27所示。

图1.26　导入素材　　　　　图1.27　功能说明效果图

(3)产品参数部分

步骤1：添加产品参数说明文字。整体高度控制在460像素左右，字体用到了黑体，加粗显示；幼圆体，字体颜色为6c3020。利用标尺和文本框工具让内容更整齐地显示，如图1.28所示。

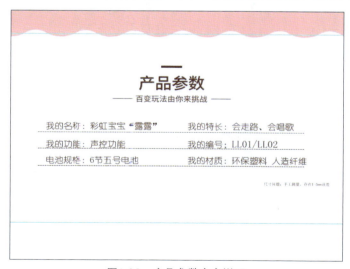

图1.28　产品参数文字说明

步骤2：制作"产品规格展示"导航。用圆角矩形，颜色为65d2cf；中文字体：幼圆；如图1.29所示。

图1.29　产品规格展示导航

图1.30　产品尺寸说明

步骤3：制作商品尺寸说明。新建图层，选择矩形选区工具画矩形条，填充颜色为65d2cf，并删去中间部分，输入文字"编号"，颜色为6c3020。导入处理好的商品素材，缩小并放在合适的位置。选择直线条工具，粗细：1像素，颜色：黑色。画视图线，并输入相应参数，如图1.30所示。

利用以上方法制作出编号"LL02""LL03"的参数内容。

（4）细节展示图制作

当客户有意识想要购买的时候，产品细节模块就要开始起作用了。细节是让客户更加了解这个产品的主要手段，客户熟悉产品才会对最后的成交起到关键性的作用。产品细节要尽可能地展示产品细节、材质。

步骤1：标题制作，可利用"产品规格展示"导航标题进行复制、更改。绘制6个圆角矩形，排列两行。从情境1素材文件夹中导入"露露"产品细节照片放于圆角矩形之上，利用剪贴蒙版将素材制作成圆角的形状。

步骤2：用同样方法完成其他的制作，并添加内容信息，字体选用黑体和幼圆，字号为25，最终效果如图1.31所示。

图1.31  产品展示细节

步骤3：制作配件显示，具体方法与上一步内容相似，最终效果如图1.32所示。

图1.32  产品配件展示

最终详情页效果图如图1.33所示。

图1.33　详情页最终效果图

### 3.移动端详情页制作

移动端详情页可以用PC端修改完成,也可以自动生成,这里不再讲述移动端详情页的制作,自己尝试制作移动端详情页的时候必须记住以下3点:

①字符必须在12点以上,否则会影响阅读。

②并排的图片(如产品细节展示部分,并列了3个细节图)最多3张,两张最佳。

③图片或者文字比较密集的区域,如穿着场景、品牌故事和产品信息的文字区都需要重新设计,图片最好以模特展示图的方式排列,文字排列方式也应该做出相应改变。

**阶段练习**

(1)完成上述产品详情页。

(2)根据上述产品详情页,尝试将产品换成近似产品,完成套版。

# 任务4
## 上传商品

### 活动　上传商品

商品上传之后才会有商品的链接,商品链接是完成详情页关联营销和首页商品超链接的基础。商品上传在美工部分需要完成两部分的内容:主辅图设计和详情页套版。

商品上传需要将图片上传到图片空间,本教材重点在美工部分,商品上传过程将会被忽略。

#### 1.设计主辅图

主辅图一共包括5张图片,设计重点为主图和最后一张图,其他图片只要按照上述图片准备的操作,最后裁剪成700像素×700像素的大小即可。

（1）设计主图

主图通常可以添加图形和一些文字,比如Logo、促销信息、商品特性等。智能玩偶崇尚简洁、童趣,所以主图也尽量做得更童趣些。

图1.34　填充背景区域

步骤1:打开"露露"(直接打开制作详情页时经过处理的图片,可以省去图片处理操作),调整画布宽度,将画布调整为正方形,用内容识别的方式填充背景不足的区域,如图1.34所示。

步骤2:图片处理。图片处理通常包括:抠图→修复→修型→质感→调色等几个步骤。如果使用已处理过的图片,可以省略这个步骤。

步骤3:裁剪。裁剪为700像素×700像素的图片。裁剪的时候要注意裁剪区域的选取,确保主体物处于视觉中心。

步骤4:添加其他内容。如添加Logo、促销信息、商品特性、背景等,如图1.35所示。

图1.35　主图效果图

其他商品主图的制作只需要在这张图中换掉商品图,这种做法在网店美工中称为"套版"。

(2)设计辅图

由于主图设计已经相对充分,这里的辅图与主图相比,制作可以比较简单。

(3)设计最后一张图

最后一张图不需要过多设计,通常用的是一张可以做主图的图片,抠底换成白色背景即可。白色背景是手淘上首页的基本要求,也是参与部分活动和少数淘宝客活动的基本条件,所以通常将第5张图做成白色背景。

**2.上传商品**

将商品主副图和详情页切片图上传到图片空间,在系统的提示下完成商品上传。如果详情页存在关联营销、领取优惠券、搭配销售等超链接的内容,可以用Dreamweaver或者用购买模板的方式完成。

**阶段练习**

(1)简述商品主图的作用。

(2)尝试自己设计一张商品主图。

# 任务5
# 上传首页

首页上传包括PC端和移动端,熟悉淘宝后台操作可以更快、更好地完成上传工作。

## 活动1　上传PC端

PC端首页可以大致分为三个部分：店招、轮播区和其他部分。在上传图片到店铺之前，最好将首页切片分成这三个部分。考虑到消费者访问网页时的响应效率，可以将除店招和轮播区以外的其他部分，按照海报和热卖专区分开切片，切片完成之后上传到店铺图片空间。

### 1.店招上传

步骤1：登录淘宝店铺，进入"卖家中心"，再进入"店铺管理"，店铺装修页面如图1.36所示。

图1.36　店铺装修

步骤2：选择"PC端"→"首页"→"装修页面"，如图1.37所示。

图1.37　PC端装修

图1.38　上传页头

步骤3：上传店招。当把左侧的店招模块拖到相应位置时会发现，店招只支持宽为950像素，高为120像素或者150像素（150像素包含了30像素的导航栏，初学者建议制作120像素）的图片，两端留白，虽然这样会使店铺看上去不够大气和美观，但可以使用一些技巧来实现1 920像素×150像素的大店招的效果。首先需要点击左侧的"页头"选项，选择"更换图"，选择前面设计好的店招即可，如图1.38所示。

此时店招模块两侧已经出现了店招首尾两部分的图片，但中间部分仍是空白的，如图1.39所示。此时需要上传一张950像素宽度的店招，为了保证上传的店招刚好能与页头两端的图形对接上，可以先对设计好的1 920像素×150像素的店招进行切片处理，在485像素、1 435像素处添加参考线，如图1.40所示。如果想对商品和导航按钮添加超链接，可以做更多的切图，或者使用Dreamweaver添加代码，后面的情境会有详细介绍。

图1.39　页头效果

图1.40　分割原店招

接下来可以先把图片上传到图片空间。淘宝不支持外链图片，要想在淘宝店铺上显示，就必须统一上传到淘宝的图片空间里，否则淘宝会做屏蔽处理。点击店招模块中的"编辑"按钮，如图1.41所示。

图1.41　上传店招

进入编辑页面,点击"自定义招牌",再点击上传图片按钮,选择对应图片,上传即可,如图1.42所示,最终效果如图1.43所示。

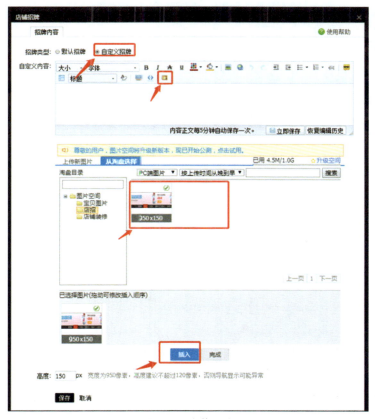

图1.42　上传图片

图1.43　最终效果图

### 2.上传轮播海报

步骤1：在店铺装修页面中选择模块，把全屏轮播模块拖至相应位置，如图1.44所示。

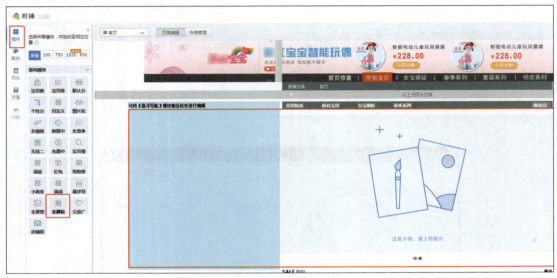

图1.44　添加轮播模块

步骤2：点击轮播模板中的编辑按钮，选择需要上传的轮播海报即可。如需为海报添加链接，可在上传页面中选择海报需要链接的一个商品，或者直接输入商品链接，如图1.45所示。在轮播模块中默认两个轮播图，即画布1和画布2，可以根据实际需要添加画布数量。上传后效果如图1.46所示。

图1.45　添加轮播海报及超链接

### 3.首页其他部分上传

首页剩余部分主要是宝贝推荐板块，上传商品之后添加这一板块即可，不需要过多操作。对于初学者，可以多尝试使用自定义模块。

图1.46　轮播海报效果图

**阶段练习**

（1）探索PC端首页上传的其他模块的使用方法。

（2）尝试完成PC端首页剩余部分的上传工作。

## 活动2　上传移动端首页

移动端的上传和PC端的上传是比较相似的，先进入店铺装修的页面，选择"手机端"，再点击"装修页面"，如图1.47所示。

图1.47　手机端装修

图1.48　选择装修模板

步骤1：进入装修页面后。从左边选项栏中选择模板，随意选择一个模板，点击"使用模板"，如图1.48所示，这样返回到装修页面中就有初步的模板了。

步骤2：上传店招。点击店招模块，点击右上角的设置按钮，点击"上传店招"，如图1.49所示。

步骤3：把设计好的店招上传到图片空间，这样就顺利地把店招上传到手机端的模块中，如图1.50所示，即完成了手机端店招的上传工作。

步骤4：完成手机端轮播广告的上传。手机端上传轮播广告和店招相似，首先到装修页面把轮播图模块拖到店招下方，当然也可以是其他位置，但轮播图位于店招之下的位置比较合适；接着点击轮播模块的"设计"按钮，右边就会出现上传图片的选项，此时只需要把设计好的轮播广告图上传即可，如图1.51所示。

图1.49　上传店招

图1.50　移动端店招效果

图1.51　轮播广告上传

上传店招后，首页效果如图1.52所示。

图1.52　首页效果图

完成上传后还需要对轮播图进行链接设置。首先点击图片的时候才能跳转到宝贝页面，再次点击轮播模块的设置功能，在对应的缩略图右边输入一个链接地址即可。有多少个轮播图就输入多少个链接，轮播图和链接是一一对应的，输完后点击"保存"按钮即可，如图1.53所示。

移动端店铺的各模块上传与操作与以上两项的设置相似，这里就不一一介绍了，读者可以多加练习，掌握更多模块的使用技巧，这样工作起来更加得心应手。

图1.53　添加链接

**思政园地**

### 增强法律意识 防止侵权行为

电子商务创业成本相对较低，不少职业院校学生在探索电子商务创业，同时应该增强法律意识，防止侵权行为。电子商务创业者最容易出现的侵权行为主要在知识产权方面，比如冒用知名品牌商标，使用他人专利，"借鉴"其他同类产品包装，使用未经授权的字体、图片、音乐、广告语等。

我国一向重视知识产权的保护，对侵权行为轻则罚款，重则处以三年以上七年以下有期徒刑。

**阶段练习**

（1）熟悉移动端首页的各个模块。

（2）完成移动端首页上传。

# 情境 2
# 手机配件店铺的网店美工

## □ 情境导航

手机套不再是单纯的实用商品，随着手机在年轻群体中的普及，手机美容逐渐成了年轻人展示个性的一种方式。为了迎合这种趋势，手机保护套的生产商又推出了许多做工精良、色彩图案别致的产品。"美尔搭"手机套就是专门为广大年轻人打造的品牌，产品时尚、防摔，注重健康环保。小孔接受了"美尔搭"手机套淘宝网店的美工任务后，计划从以下工作入手：

（1）制订视觉设计方案。"美尔搭"手机套定位为中高档品牌，为了使网店装修符合品牌形象，小孔要制订视觉设计方案。

（2）设计首页。首页是店铺的门面，在新的视觉设计方案中，需要体现品牌的健康环保、沉稳大气。首页设计包括 PC 端和移动端。

（3）设计详情页。设计详情页是网店美工的重点任务，详情页的设计风格直接体现商品的本质和特征。

（4）上传商品。按照店铺视觉设计方案，设计主副图，并将主副图和详情页上传到店铺。

（5）上传首页。上传商品后，确保首页各个商品都有完整的超链接，准确地上传到 PC 端和移动端的店铺首页。

## □ 学习目标

通过本情境的学习，应达到的具体目标如下：

### ● 知识目标

了解字体选择技巧；
了解数码配件类商品客户定位及心理分析；
熟悉商品表面污点处理的方法
了解淘宝网店自定义首页装修的相关内容；
熟悉淘宝网店移动端装修要求。

### ● 能力目标

能制订视觉设计方案；
能运用污点修复画笔工具美化商品；
能利用网店自定义功能完成网店美工制作；
能完成淘宝网店移动端装修。

### ● 素质目标

培养学生独立思考能力；
提高学生解决问题的能力；
培养学生正确的审美观；
提高学生法制意识。

# 任务1
# 制订视觉设计方案

## 活动　制订手机配件店铺的视觉设计方案

### 1.客户群体定位与风格

"美尔搭"手机套定位为中高档品牌，主要客户群体为年轻人，他们强调既实用又时尚，这些客户具有以下特征：

①用于休闲娱乐的消费支出占其生活花费的比例相对较高；

②对产品质量要求高；

③对实用性要求高。

### 2.客户群心理分析

随着文化层次和消费观念的逐步提升，越来越多的消费者已经意识到，选择与自己手机品牌相匹配的保护套也是确认自己身份、展现个人风格的一种方式。手机套这类产品对于他（她）们而言，不仅是手机套，更是手机品位的一种延伸。品牌、品质、品位成为影响消费者购买最为主要的因素。客户心理具有以下特征：

①有品位、高素质、思想独立；

②善交际、品位独特、不盲从不跟随；

③思想前卫、追求时尚，易于接受新生事物，生活比较有品位。

### 3.配色基调

不同的色彩能给人不同的感受。基于客户心理分析，"美尔搭"手机套店铺将主色调定为驼色，辅助色调定为灰色和白色，如图2.1所示。

图2.1　配色表

了解字体选用知识

### 4.字体选择

字体尽量时尚大方，能凸显本手机套产品个性的字体，如SteelFish常规、微软雅黑以及方正兰亭黑简体（方正系列字体可能存在版权问题，可以换成近似字体）。

**阶段练习**

（1）字体：可以登录求字体网下载自己需要的字体。

（2）根据活动的配色方案，制作一幅手机套的广告图。

>>>>>> ## 任务2
## 设计首页

为了确保首页整体风格统一，店铺计划对首页做一个整体设计。首页设计主要包括三个部分：店招（含导航栏）、轮播海报以及主推商品。

## 活动1　准备图片

### 1.图片选择

在所有手机套的拍摄照片中，尽量选择能清晰展示商品特征的全图以及当前比较流行的色彩和款式手机套图片。可以根据海报主题和海报构图，选择适当的首页用图，如图2.2所示。

图2.2　首页商品用图

### 2.图片处理

图片处理主要针对已经拍摄的手机套图片，常规的步骤为去除杂质、抠图、修复、调色等，在技术难度上不算高。

使用Photoshop打开待处理的一张照片，可以看到照片上的手机套有很多灰尘和一些小刮痕，色彩也不够理想，需要加工处理，具体操作步骤如下：

步骤1：去除手机套上的灰尘和一些小刮痕。放大图片，找到需要修复的位置，使用污点修复画笔工具—修补工具（污点修复画笔工具下多个工具都可以完成，可以根据使用习惯自行选用），按住"Alt"键，修复画笔工具吸取要改变的样板，再在需要修复的位置处涂抹，修补工具选取要修改的区域，拖动到想改成的样板地方，松开鼠标即可，如图2.3所示。

了解去污点方法

步骤2：为了让手机套更贴近实物，调整色相/饱和度和曲线，分别按快捷键"Ctrl+U"和"Ctrl+M"，调出面板，参数设置如图2.4、图2.5所示，最终效果如图2.6所示。

图2.3　污点修复

其他手机套的照片处理方法与此大致相同，最后把需要抠图的照片从手机套图中抠出来，以备后用，抠图操作在其他情境中已详细讲解，这里不再赘述。

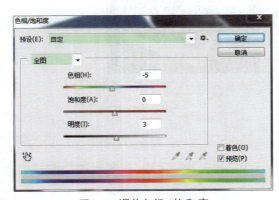

图2.4　调整色相/饱和度

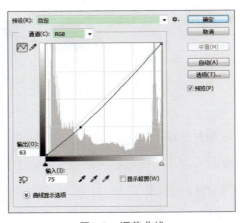

图2.5　调整曲线

图2.6  最终效果图

**阶段练习**

(1)找几张手机套的原图,去除手机套上的灰尘和一些小刮痕。

(2)调色的工具有哪些?请尝试用教材中没有提及的工具完成调色。

(3)把需要抠图的照片从手机套图中抠出来。

# 活动2  设计PC端首页

### 1.首页规划

为了保证页面的整体统一,制作首页之前要先做好整体规划。"美尔搭"手机套定位中高端,首页也应该体现出简约清晰的感觉,所以首页设计为全屏首页,即宽度为1 920像素,首页结构为店招,全屏海报,热卖推荐,具体结构如图2.7所示。

### 2.店招设计

店招本身只有120像素的高度,但是为了整体性,这次设计直接将店招和导航栏的30像素放在一起,设计150像素的店招,具体操作步骤如下:

步骤1:打开Photoshop,新建宽度为1 920像素,高度为7 000像素的图片(高度也可以自己定,过高的部分可以在首页完成后删掉,高度不够时也可以自行添加),图片名称为首页,填充背景色为#F1EdE8。

图2.7  首页规划图

步骤2:添加150像素的水平参考线,新建图层,将图片顶端150像素高度的区域全部填充为淡驼色,代码为#F1EdE8。

步骤3：完成店招。

①设计Logo。

Logo位置在店招的左侧。Logo使用MERDA英文全拼为设计基础，Logo字体颜色设置为#E7AE02，字体和字号及各参数设置如图2.8所示，最终效果如图2.9所示。

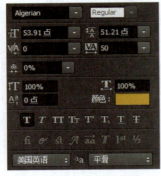

图2.8　Logo文字参数　　　　图2.9　Logo最终效果图

②设计促销区。

促销区在店招右侧，主推店铺的主打商品，制作过程比较简单，这里不再介绍。

③网店品牌展示。

为了提升品牌知名度，在店招的中心区域输入店名，字体为微软正黑体，增加字体间距，最终效果如图2.10所示。

图2.10　店招最终效果图

步骤4：划分导航栏区域。店招和导航栏一起设计完成，但在制作过程中要加以区分，新建120像素的水平参考线，两条参考线的中间形成30像素的导航栏。在120像素和150像素的参考线上，选定这块30像素的区域，新建一个图层，把这块区域填充颜色（#A68A65）。导航文字为白色，29号，黑体，板块之间用白色竖线隔开，效果如图2.11所示。

图2.11　店招及导航栏

### 3.海报制作

第一个海报通常是最能吸引客户眼球的,用于店铺活动宣传或者店铺爆款商品推广。目前主流PC端的分辨率为1 920×1 080像素,即一屏的高度为1 080像素,所以店招与海报总高度最好不要超过1 080像素。在制作海报前,建议先建立海报组,将海报的所有图层放置在这个组内。

第一幅海报的具体操作步骤如下:

步骤1:选定照片、美化商品照片。选定新品的手机套照片,并用Photoshop去除照片的杂质,如图2.12、图2.13所示。

图2.12　处理前的照片

图2.13　处理后的照片

图2.14　第一张海报

步骤2:加上装饰。输入数字"7",然后再复制一层数字"7",把第二层数字"7"填充为白色,再调整位置就可以做到字体有阴影或者有立体感;输入文字"折起"。另外,在图片的左下角加上"美尔搭"手机套的Logo。如图2.14所示。

第二幅海报的操作步骤类似第一幅，制作的效果如图2.15所示。

图2.15　第二张海报

### 4.热卖推荐

"热卖推荐"板块设计了4款颜色和款式比较流行的手机套，制作相对简单，但是商品要有一定的吸引力。把处理好的商品照片逐个添加在不同的图层，调整好大小和位置，并输入想要描述的文字，如图2.16所示。

图2.16　热卖推荐效果

**5.售后模块**

首页剩下的内容就是售后模块,完善售后服务和商品保障信息。这个模块制作比较简单,根据自己手机套商品的特点,并参考一些优质的卖家店铺模块设计,制作出自己的售后模块,图2.17仅供参考。

PC端首页的最终效果图,如图2.18所示。

图2.17 售后声明效果图

图2.18 PC端首页最终效果图

**阶段练习**

（1）全屏首页的宽度和高度如何确定？

（2）理解并尝试制作自己喜欢的全屏首页规划。

（3）按照本活动的操作步骤，完成店招制作。

（4）浏览信用度较高的淘宝店铺，尝试制作该店铺的店招。

## 活动3  制作移动端首页

移动端首页可以使用系统提供的模块，也可以自定义。移动端首页的宽度在不同情况下要求不同，如店招区域，店招通常要求做750像素×254像素，使用系统模块时，要求图片的宽度是640像素，而自定义模块宽度只有608像素。

### 1.首页规划

移动端首页采用类似PC端首页的设计风格，即按照商品系列"海报+热卖推荐"的布局方式，但也会有一些变化，比如店招无法再做较为复杂的设计，促销信息代替了第一个热卖推荐，所有的热卖推荐都变成了两列式排版，如图2.19所示。

图2.19  移动端首页规划

图2.20  待处理原图

### 2.图片处理

图片处理主要针对新的商品图片，常规的图片处理步骤包括抠图、修复、去杂质等。正常拍摄的商品图片基本都是有灰尘的，桌子也显得比较乱，所以本次图片处理的步骤为：处理背景→修复，如图2.20所示。

使用Photoshop，在情境2素材中打开N17A9518图片，可以看到图片左右两边的背景都有一些痕迹和灰尘，桌子不够光滑，需要处理，具体操作如下：

①用多边形套索工具选出有灰尘的地方，如图2.21所示。使用默认前景色，用画笔工具进行涂抹，如图2.22所示。

②手机底部有许多划痕，影响美观，这时候使用钢笔工具勾选出来，因为手机是银色的，可

以用渐变工具"金属-银色"进行渐变,还有一些白色的划痕,可以使用仿制图章工具进行涂抹,如图2.23和图2.24所示。处理前和处理后的对比,如图2.25所示。

图2.21　选取背景区域

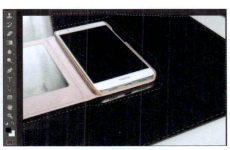

图2.22　涂抹背景

图2.23　添加银色渐变

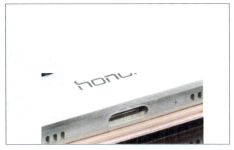

图2.24　修复手机底部污迹

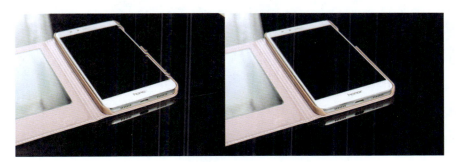

图2.25　处理前和处理后的对比

### 3.首页制作

店招搭配红色和白色,显得十分简约。背景填充为驼色,输入"创意·品味·高端"的品牌定位语即可,如图2.26所示。

图2.26　移动端店招

　　导航区仅付费用户可更改底色，所以这里无法做任何处理，制作时可以直接留白，如图2.27所示。

　　接着加入制作好的海报，完成移动端首页，效果图如图2.28所示。

图2.27　移动端导航区　　　　　　　　　图2.28　移动端首页效果图

**阶段练习**

使用现有的PC端首页，经过修改制作成移动端首页。

## 任务3
# 设计详情页

　　优质的详情页能抓住买家的心理特征，让买家更加理性地购买，提高购物体验。做好详情页要抓住三个要点：顾客为什么要买？为什么要在你这里购买？为什么要现在买？

## 活动1　规划详情页

详情页设计遵循版式统一的视觉设计方案, 主色调定为驼色, 辅助色调定为灰色和白色, 呈现为 "创意、品味、高端"。

第1部分: 宝贝形象展示。

第2部分: 宝贝外观细节展示。

第3部分: 列举选择本店宝贝的理由。

第4部分: 列举产品优势, 增强消费者购买信心。

本活动在商品详情页中没有加入关联营销, 主要是为了增强消费者的购物体验, 也体现出对商品的自信。

## 活动2　制作详情页

宝贝详情页是提高转化率的入口, 激发顾客的消费欲望, 树立顾客对店铺的信任感, 打消顾客的消费疑虑, 促使顾客下单。优化宝贝详情对转化率有提升的作用, 但是起决定性作用的还是产品本身。

### 1.宝贝形象

宝贝形象是详情页的第一张图片, 这张图传递的信息是整个详情页的基调, 所以这里需要注意三个问题: 第一, 选对图片; 第二, 传递商品价值; 第三, 美观大方, 与店铺整体风格一致。

主要操作步骤如下:

步骤1: 新建画布。宽度为750像素, 高度可以设定为15 000像素左右 (也可以根据个人习惯自己设定, 如果在作图过程中图片高度不够, 可以通过画布大小增加高度; 如果图片没有占用相应的像素, 可以将多余的高度裁剪掉), 填充背景色为#d9d1c3。添加水平参考线, 位置在1 080像素, 控制宝贝形象的图片尺寸, 不能超过一屏的高度。

步骤2: 导入手机套图片。考虑到整体美感和详情页篇幅, 可以通过剪贴蒙版控制显示区域, 如图2.29所示。

步骤3: 添加文案。添加文字一方面可以对图片进行补充说明, 另一方面也可以增强图片的美观度。这里主要使用了一种字体 (微软雅黑), 输入 "至尊独

图2.29　手机套导入图

创 拒绝平庸"，"The supreme original refused to mediocrity""For 华为Mate9"，文字颜色为#636363，也可以选更暗点的颜色。顶部的英文主要用作装饰，强化商品个性，完成宝贝形象图的制作，如图2.30所示。

图2.30　宝贝形象图

**2.产品外观**

通常详情页的第2部分内容是产品外观展示，从不同角度展示产品外观。

（1）栏目标题

栏目标题的作用是方便消费者浏览，不需要过多设计，使用微软雅黑字体、驼色渐变，加入英文标题，加上背景色块即可，如图2.31所示。

图2.31　制作栏目标题

（2）导入手机套图片

布局使用内外结构，外面为细节解释图，里面为产品正视图。根据视觉习惯，展示出完美的手机套造型，如图2.32所示。

（3）展示选择理由

为了激发消费者的购买欲望，展现产品特点及优势，如图2.33所示。此处将会使用较多的素材图，可以在网络上检索。加入图片的时候可以运用剪切蒙版，控制图片显示区域。

图2.32　导入手机套和细节图

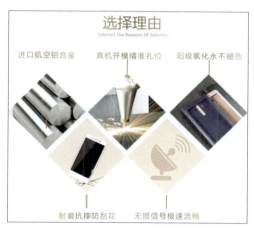

图2.33　商品选择理由

### 3.产品优势（设计亮点）

步骤1：栏目标题。复制上一栏目，修改文字即可。

步骤2：导入处理好的图片。按照任务2活动1的方式处理好需要的图片。

步骤3：添加文案。为提升详情页制作的效率，保持风格的统一性，标题和文案最好复制上一个板块的内容再修改，最终效果如图2.34所示。

图2.34 产品优势最终效果图

### 4.整体检查，完成详情页

详情页的各个部分已经完成，最后还需要浏览并确定详情页的整体协调和没有瑕疵，最终效果如图2.35所示。

**阶段练习**

参考图2.35完成详情页制作。

图2.35　PC端详情页的最终效果图

# 任务4

# 上传商品

每个商品通常都会设置5张图片，第一张通常称为主图，是买家搜索商品时看到的第一张图片，优质的主图能有效提高商品转化率。

本任务选用图2.36作为商品主图，图片能很好地体现商品特征。

## 活动　上传商品到电商平台

### 1.设计主副图

主图设计包括三个部分：商品修复、背景设计、促销设计。主要操作步骤如下：

步骤1：商品修复。去除商品表面瑕疵。

步骤2：背景设计。调整画布，增加图片高度，背景设置为黑色，将图片设置为正方形。

步骤3：促销设计。在主图右上角添加"智能视窗多彩可选""免翻盖接听"等商品特征，右下角添加"29元限时特惠"等促销信息，最后效果如图2.37所示。

图2.36　主图用图　　　　　　　　　　图2.37　主图效果图

挑选4张清晰的副图，能准确反映商品信息的图片即可，完成之后上传到图片空间，最终完成商品主副图的上传。

**2.上传商品**

将商品主副图和详情页的切片图上传到图片空间，在系统提示下，完成商品上传。如果详情页存在关联营销、领取优惠券、搭配销售等超链接的内容，可以用Dreamweaver或者用购买模板的方式完成。

**阶段练习**

按照淘宝网店装修的系统提示，分别上传商品主副图和详情页。

# 任务5
## 上传首页

在装修店铺前，首先把要用到的相关图片分类上传到"图片空间"中，以便装修店铺时使用。

## 活动1　上传PC端

本活动是用传统方法上传首页。PC端首页可以大致分为4个部分：店招、轮播区、自定义内容及其他部分。在上传图片到店铺之前，最好将首页切片分成4个部分。

旺铺现在分3个版本，分别是基础版、专业版、智能版。

基础版模块的最大尺寸是750像素，不能制作1 920像素模块的海报。

专业版模块的最大尺寸是950像素，专业版有代码装修功能，可以自己做代码进行装修。

智能版目前已经开通1 920像素"全屏宽图"和"全屏轮播"模块，可以通过使用这两个模块来实现宽屏效果。

下面主要介绍智能版的首页上传方法。

### 1.订购旺铺智能版

首先需要订购旺铺智能版才能够使用旺铺智能版的1 920模板进行店铺装修（目前一个钻以下的商家能免费使用智能版）。PC端装修的1920模块是智能版专享功能，购买智能版使用该功能后，PC端店铺显得更高端大气，可以提升消费者体验。

### 2.旺铺智能版的1920模板

操作步骤如下：

步骤1：进入智能版后台，选择"电脑页面装修"→"模块"→"1920"。

步骤2：在店招区点击"编辑"后，选中"自定义招牌"，点击"插入图片空间"按钮，选择店招对应的图片，如图2.38所示。

步骤3：点击页面左侧"页头"模块，不勾选"页头背景色"，选择页头下边距10像素"关闭"，更换背景图为店招对应图片，选择"不平铺""居中"，设置如图2.39所示。

步骤4：点击页面左侧"模块"中的"1920"，选择"全屏宽"拖入右侧顶上区域，点击"编辑"后，选择插入的海报图片（宽度为1 920像素，高度不大于540像素），同时可以设置链接地址（也可以先省略）。但是这种设置方法有局限性，图片高于540像素就无法正常显示了，如图2.40所示。

解决方法可以用专业版的方法处理，在这里加入自定义区，点击"编辑"后，选择宽度为1 920像素，高度超过540像素的图片，然后点击左下角"编辑源代码"，如图2.41所示。

编辑代码，修改黄色文字为对应内容，如图2.42所示。

●海报高度——使用海报图片的高度值。

●海报间的缝隙——可以先设置"0"或"缝隙高度*除顶部海报外第几张图"。

图2.38　上传店招

图2.39　设置页头

图2.40　添加全屏海报

图2.41　编辑源代码

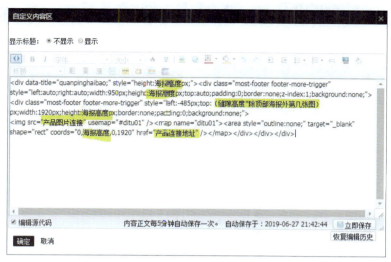

图2.42  编辑源代码

●产品图片链接——可以在店铺"素材中心"找到对应图片并复制链接地址。

●产品链接地址——海报跳转到链接的产品页。

编辑完代码后点击"确定"按钮。

对于初学者而言,首页剩余部分可以使用系统模块,不需要其他操作。同学们可以探索如何把已经设计好的PC端首页全部上传。提示:先将首页图片切片,使用店铺装修的自定义模块。

步骤5:装修完成后,点击页面右上角的"发布站点"按钮,就可以查看店铺首页了。

**阶段练习**

(1)完成1 920像素或者950像素首页的制作。

(2)完成PC端1 920像素或者950像素首页的上传。

## 活动2  上传移动端首页

本活动介绍用传统方法上传移动端首页,操作流程和PC端相似。

操作步骤如下:

使用"切片工具"按照设计布局分割好首页,保存图片,把图片上传到"图片空间"的"素材中心",以便装修店铺时使用。

步骤1:进入装修后台,选择"手机端装修"→"页面"→"手淘首页"→"装修页面",如图2.43所示。

步骤2:按照装修设计的流程,先添加店招背景图片,图片呈渐变显示。在设计时要注意整体效果,尺寸为750像素×580像素、建议大小在400 kB左右,图片格式可以是JPG、JPEG、PNG,效果如图2.44、图2.45所示。

图2.43　移动端首页装修位置

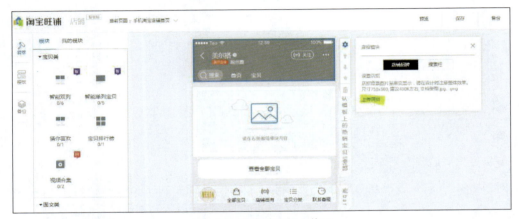

图2.44　移动端店招上传区

图2.45　上传店招

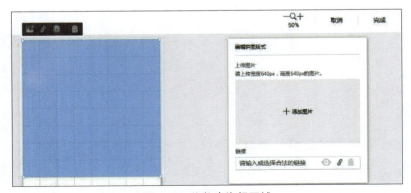

图2.46　拖拉出海报区域

步骤3：添加海报模块。使用智能海报或者自定义内容模块进行海报上传，已经设计好的海报，尽量使用自定义模块上传。切割图片时要注意，宽度和高度最大为640像素，按照80像素的整数倍来切割，特别是高度，否则无法添加海报。

点击自定义模块，拖拉出蓝色部分区域为添加图片尺寸大小，如图2.46所示。点击右侧添加图片，添加已做好的海报图片，如图2.47所示。

步骤4：添加双列图片模块。注意：仅支持宽度为351像素，最小高度为100像素，最大高度为400像素，图片格式为jpg、png，如图2.48所示。

图2.47　上传海报

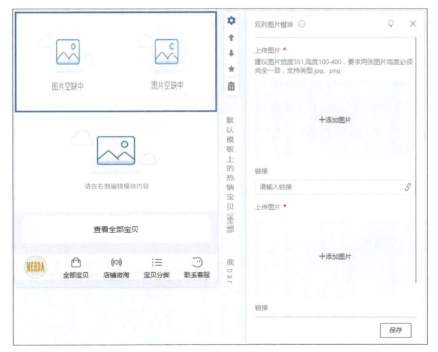

图2.48　添加双列图片

步骤5：其他内容装修完成后，点击页面右上角的"保存"按钮，再点击"预览"按钮，使用手机扫描二维码查看装修效果，检查无误后，就可以点击"发布站点"按钮，效果如图2.49所示。

图2.49 移动端首页效果图

**思政园地**

### 《中华人民共和国电子商务法》简介

2019年1月1日起，《中华人民共和国电子商务法》（以下简称《电商法》）正式实施，这是我国电商领域首部综合性法律，对于整个电商行业来说意义重大。

我国电子商务行业迅猛发展，但不规范之处如刷单、擅自改差评、卖假货、快递损坏、大数据杀熟等现象层出不穷。虽然电商平台企业已采取相关措施加以管理和约束，但依然没有法律来得更加威严。

**阶段练习**

完成移动端首页的上传。

# 情境3
# 食品类店铺的网店美工

## ▢ 情境导航

甜果时光铺子是一家新开张经营水果干的淘宝店铺，主要销售各类水果干休闲食品，为了提升店铺的美观度与客户的体验度，该店铺决定聘请一位专业的网店美工，负责对网店进行装修。小吴刚毕业于某职业院校，通过应聘顺利获得了甜果时光铺子网店美工的工作，他计划从以下任务入手：

（1）制订店铺主题方案及视觉设计方案。甜果时光铺子作为新开张的淘宝店铺，以"健康美味，好吃不贵""甜果时光，美味戒不掉"为主题，店铺计划结合该主题，设计店铺视觉效果方案。

（2）设计首页。首页是店铺的门面  在新的视觉设计方案中，需要展现零食的美味和诱惑。首页设计包括 PC 端和移动端。

（3）设计详情页。详情页是网店美工的重点任务，详情页的设计风格直接体现商品的本质和特征。

（4）上传商品。按照店铺视觉设计方案，设计主副图，并将主副图和详情页上传到店铺。

（5）上传首页。上传商品后，确保首页各个商品都有完整的超链接，准确上传 PC 端和移动端的店铺首页。

## ▢ 学习目标

通过本情境的学习，应达到的具体目标如下：

● **知识目标**

熟悉图片配色技巧；

了解食品类商品客户定位及心理分析；

熟悉商品抠图的方法；

掌握淘宝网店首页规划方法；

掌握淘宝网店移动端装修方法。

● **能力目标**

能制订简单的首页规划；

能制作全屏首页；

能运用钢笔工具进行商品抠图；

能完成复杂的网店首页上传。

● **素质目标**

培养学生细致耐心的工作态度；

培养学生正确的审美观；

培养学生诚信经营的意识；

培养学生的法律意识。

**思政园地**

### 食品安全　重于泰山

我们应牢固树立以人民为中心的发展理念,落实"四个最严"的要求,切实保障人民群众"舌尖上的安全"。网络不是法外之地,在网络上销售食品时,必须遵守《中华人民共和国食品安全法》《食品安全法实施条例》等相关法律法规,只能出售正规企业生产的、有标注食品生产许可证编号的、没有超过保质期的商品。销售食品出现质量问题的时候,卖家必须承担相应的法律责任。

## 任务1
# 制订视觉设计方案

## 活动　制订食品类店铺视觉设计方案

#### 1.客户群体定位与风格

甜果时光铺子以"健康美味,好吃不贵""甜果时光,美味戒不掉"为主题,主要客户群体聚焦在女性与小孩,这些客户群体为女学生、职业女性、家庭主妇等,她们具有以下特征:

①注重性价比,追求美味。

②注重健康,享受休闲时光或亲子时光。

#### 2.客户群心理分析

甜果时光铺子客户为普通大众女性,视觉设计一定要符合这一群体的消费心理。甜果时光铺子客户心理具有以下特征:

①注重实惠和美味。

②对零食健康有较高的要求,特别是家庭主妇群体。

③注重舒适理念。

结合这些心理特征,总结出以下关键词:健康、诱惑、实惠、休闲、享受。

#### 3.配色基调

根据色彩的特性,不同的色彩能给人不同的感受。美味、诱惑的水果干从色彩上要如何去表现? 考虑到水果干本身色彩缤纷,且要体现"健康和休闲时光"的主题,配色应从大自然出发,以清新的风格为主,让人有舒适享受的感觉。

了解配色方法

甜果时光铺子将主色调定为绿色(包括深绿和浅绿),辅助色调定为橙色、黄色和白色,如图3.1所示。绿色代表健康,给人春天休闲的舒适感;橙色、黄色为暖色调,适合美食,能刺激食欲。

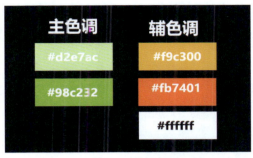

图3.1　配色表

字体尽量自然大方,根据甜果时光铺子的特点以及客户定位,选用字体:Arail、Impact、黑体、宋体、微软雅黑。

**阶段练习**

针对甜果时光铺子的主题,除了本活动的配色方案外,还有什么合适的配色方案? 请尝试制订出配色表。

# 任务2
## 设计首页

为了确保首页整体风格统一协调,店铺计划对首页做一个整体设计。首页主要设计三个部分:店招(含导航栏)、全屏海报以及主推商品。

## 活动1　准备图片

### 1.图片选择

针对零食的特点,所选商品图片要有能清晰展示整体的,也要有能突出细节的。可以根据海报主题以及海报构图,选择适当的首页用图。

考虑到甜果时光店铺水果干的种类不多,在设计首页的时候所有商品都可能会进入首页,因此所有商品都需要准备图片,除了本次使用之外,也为下次更新或商品上传做好准备。

### 2.图片处理

图片处理主要针对新的商品图片。水果干图片处理步骤包括:抠图(或背景处理)→修图→

调色→合成。一般食品类的产品，在拍摄初期的时候比较注重技巧，讲究摆盘和修饰等，拍摄完的图片整体比较美观，图片处理仅需要进行背景处理和调色，让图片更吸引消费者。甜果时光铺子前期拍摄的作品，有部分需要进行抠图处理，以猕猴桃干为例，所用到的素材如图3.2—图3.4所示。

图3.2　猕猴桃干1

图3.3　猕猴桃干2

图3.4　背景

图3.5　打开素材图像

图3.6　选取钢笔工具

步骤1：抠图。使用Photoshop依次打开"猕猴桃干1. jpg""猕猴桃干2. jpg"，先将两幅图中的猕猴桃干抠选出来。本情境重点学习使用钢笔工具抠图的方法，具体操作如下：

①打开素材"猕猴桃干1. jpg"，如图3.5所示。选取工具箱中的钢笔工具，如图3.6所示。

②适当放大图片，鼠标移至合适的位置，单击鼠标，选取第1个曲线锚点，释放鼠标后，沿着图像边缘选取第2个锚点并拖动鼠标，将曲线调整到和图像边缘重合的位置并释放鼠标，确定第2个曲线锚点，如图3.7所示。按住"Alt"键，将鼠标移动到第2个锚点上，可删除控制柄，再次移动鼠标至合适的位置，单击鼠标左键并拖拽鼠标，将曲线调整到和图像边缘重合的位置，释放鼠标可绘制第3个锚点。

③重复以上动作，沿着图像边缘绘制闭合路径，如图3.8所示。

④按快捷键"Ctrl+Enter"，将路径转化为选区，创建选区。

图3.7　绘制锚点　　　　　　　图3.8　绘制闭合路径

⑤通过"调整边缘"对边缘进行调整，使其平滑，输出到"新建带有图层蒙版的图层"。

⑥通过图层蒙版适当调整图像，完成抠图，如图3.9所示。

⑦用同样的方法抠取"猕猴桃干2.jpg"，最终效果如图3.10所示。

图3.9　抠图后猕猴桃干1最终效果

图3.10　抠图后猕猴桃干2最终效果

　　步骤2：修图。对抠取后的"猕猴桃干1.jpg""猕猴桃干2.jpg"进行修复。修复主要是对商品本身存在的一些缺陷进行修复。本次修图是处理图片中的一些污点，具体操作如下：

　　放大图片，找到需要修复的位置，如图3.11所示。使用污点修复画笔工具，在需要修复之处进行涂抹，松开鼠标即可，如图3.12所示。

图3.11　产品上的一些红点　　　　　　图3.12　修复后的产品

步骤3：合成。将修复后的"猕猴桃干1. jpg""猕猴桃干2. jpg"合成到背景图中，如图3.13所示。为了使产品和背景能更好地融合为一体，对食品加上高光和阴影，显示立体感和真实感，如图3.14所示。

图3.13　食品与背景合成　　　　　　图3.14　处理高光阴影后的效果

步骤4：调色。处理食品类图片，需要凸显的颜色。一般来讲，暖色调容易引起消费者的食欲，因此需要调整产品的饱和度、明暗度等。具体操作如下：

①调整亮度/对比度，如图3.15所示。

②调整饱和度，如图3.16所示。

图3.15　调整亮度/对比度　　　　　　图3.16　调整饱和度

步骤5：处理背景。给食品加上一个模糊的、色调比较简单的背景。选中要处理的背景，点击"滤镜"→"模糊"→"高斯模糊"，对背景进行模糊处理，如图3.17所示。

图3.17　最终效果图

**阶段练习**

（1）使用钢笔抠图工具需要注意哪些问题？请多次练习并熟悉操作。

（2）调色的工具有哪些？请尝试使用书中没有提及的工具完成调色。

（3）从产品素材中选出首页制作需要使用的图片，按照上述操作，完成图片准备工作。

## 活动2　设计PC端首页

### 1.首页规划

甜果时光铺子以"健康和休闲"为主题，因此首页也应体现出健康、休闲的理念。本次首页规划以春意盎然为线索，背景以绿色、白色为主，海报和产品图突出"美味和诱惑"的特点；首页为全屏首页，即宽度为1 920像素；首页结构由店招和导航、海报、优惠券、特惠专区、掌柜推荐等模块组成，如图3.18所示。由于在制作过程中会产生较多的图层，因此，建议按各个模块建立好分组，便于管理。

### 2.店招设计

店招和导航的高度分别为120像素和30像素，具体操作步骤如下：

步骤1：打开Photoshop，新建宽度为1 920像素、高度为8 000像素的图片（高度可以自定义，过高的部分可以在首页完成后删掉，高度不够则再自行扩展），图片名称为甜果时光店铺首页。

图3.18　首页规划图

步骤2：添加120像素和150像素的水平参考线，输入店铺名称和广告语，文字颜色使用"#fb7401"，字体分别使用"微软雅黑"和"楷体"，如图3.19所示。

图3.19　输入店名和广告语

图片素材网站介绍

步骤3：输入"关注我们"和"收藏店铺"等信息，同时添加形状进行装饰；添加"柳树""花瓣"等春天气息的素材，体现美好的休闲时光，如图3.20所示。

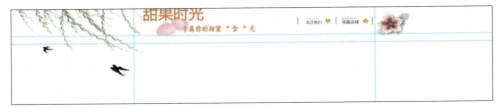

图3.20　添加素材

步骤4：划分导航栏区域。店招和导航栏一起设计完成，但在制作过程中要加以区分，新建120像素和150像素的水平参考线，两条参考线中间形成30像素的导航栏。将该区域填充为绿色（#92db72），并依次输入导航内容，字体选择宋体，颜色为橙色（#fb7401）。完成店招，如图3.21所示。

图3.21　店招效果图

### 3.海报制作

首页第一张海报，最能吸引顾客眼球，通常用于店铺促销活动的宣传或者店铺主推爆款商品的推广。本次海报的商品为店铺掌柜推荐新品：葡萄干。使用全屏海报，尺寸大小为1 920像素×600像素，具体操作步骤如下：

步骤1：选择背景素材。结合前面确定的配色基调，选择清新、带着自然气息的背景图，如图3.22所示。

图3.22　海报背景

步骤2：处理产品图。

①拖入产品图"葡萄干1.jpg"，如图3.23所示。

图3.23　拖入产品图

②为葡萄干图层添加图层蒙版，选择黑色的柔性画笔，涂抹掉不需要的背景，只留下主要内容，使产品图和背景融合，如图3.24所示。

图3.24　处理产品图

③调整产品图亮度/对比度和色相饱和度，使产品图色彩艳丽，充满诱惑感。

步骤3：添加文案。文案操作相对简单，但需要注意选择合适的字体、字号及文案排版方式，这里使用了系统自带的Arial和微软雅黑字体，如图3.25所示。

图3.25　添加文案的海报

步骤4：添加装饰。打开素材"葡萄干2.jpg"，抠取几颗葡萄干，拖入海报图中作为装饰，完成海报，效果如图3.26所示。

图3.26　海报效果图

店招与海报的最终效果如图3.27所示。

图3.27　店招与海报效果图

### 4.优惠券专区

结合配色表,优惠券底色选择橙色(#fb7401)、黄色(#f9c300),字体颜色选择白色。满赠券底色选择绿色(#98c232),字体颜色选择白色。

步骤1:制作背景,不用太复杂,直接填充为淡黄色(#ffeab5)。再制作优惠券背景,画出圆角矩形,填充为橙色(#fb7401),使用小圆选区删除矩形两端的部分区域,做出半圆形的镂空,让矩形看起来不会太单一。利用矩形选框工具和椭圆选框工具,通过"添加到选区"做出长条形的圆角矩形选区,从上往下做"白色—黄色"的渐变色填充,效果如图3.28所示。

图3.28　优惠券背景

步骤2:添加优惠文字信息,如图3.29所示。

图3.29　添加优惠文字信息

步骤3:使用同样的方法,做出另外两张优惠券。可选中优惠券的所有图层,按住"Alt"键,拖拽鼠标左键,复制优惠券,然后对优惠文字信息进行修改即可。

步骤4:制作满赠券。背景色使用绿色(#98c232),文字颜色使用白色,拖入处理好的产品素材,如图3.30所示。

图3.30　优惠券最终效果图

## 5.特惠专区

在特惠专区中，结合店铺主题"健康和休闲时光"，每款产品既要体现该主题，又要突出产品特色，具体制作思路如下：

步骤1：制作背景，填充为淡绿色（#c2e7ac）。

步骤2：拖入黄桃干产品图，调整产品图的大小和角度，为产品图层添加图层样式"投影"，增加产品图的立体感，如图3.31所示。

图3.31　添加投影

步骤3：继续拖入素材"黄桃"，再将其载入选区；新建图层，填充为黑色；调低图层的不透明度，并拖到"黄桃"图层下方，调整其位置；制作黄桃的投影，增加立体感，如图3.32所示。

图3.32　添加素材

步骤4：输入文案，添加装饰，如图3.33所示。

图3.33　输入文案

步骤5：加入促销语。通过制作详情领券，让页面看起来更加丰富。详情领券的制作步骤同优惠券专区的优惠券制作步骤一样，效果如图3.34所示。

重复以上操作，继续完成特惠专区其他产品模块的制作，如图3.35所示。

图3.34　领券专区效果图 　　　　　　 图3.35　特惠专区效果图

**6.掌柜推荐**

掌柜推荐板块的制作相对简单，基本上是产品系列图的陈列。使用剪切蒙版控制显示区域，效果如图3.36所示。

至此，完成首页制作，最终效果如图3.37所示。

图3.36 掌柜推荐专区

图3.37 首页效果图

**阶段练习**

（1）理解并尝试制作自己喜欢的全屏首页规划图。

（2）店招部分在950像素内制作，该如何添加垂直参考线？

（3）尝试用钢笔工具完成葡萄干的抠图。

（4）使用调色工具对葡萄干进行调色。

（5）完成PC端首页的制作。

# 活动3 制作移动端首页

随着手机的普及，使用手机购物的方式成了一种流行趋势，所以必须重视移动端首页的装修。

图3.38 移动端首页规划图

### 1.首页规划

本活动移动端首页的制作是通过使用模板完成。根据最新版模板的要求，移动端首页的宽度为750像素，店招尺寸要求为750像素×580像素。

移动端首页采用类似PC端首页的设计风格，按照"店招+导航+海报+优惠券+特惠专区+掌柜推荐"的布局方式，如图3.38所示。

### 2.首页制作

移动端的店标是自己上传的，大小为80像素×80像素。模板中，店招大小是750像素×580像素，因系统默认的内容较多，就不再做其他的装饰和设计，如图3.39所示。

导航栏仅付费用户可更改底色，所以这里无法做任何处理，制作时可以直接留白。考虑到直接使用模板，可以将PC端首页的各部分根据模板尺寸大小进行调整，宽度为750像素。移动端首页完成之后效果如图3.40所示。

### 阶段练习

在现有PC端首页的基础上，修改完成移动端的首页制作。

图3.39 店招及导航栏

图3.40 移动端首页效果图

# 》》》》》 任务3
# 设计详情页

商品详情页也称为商品描述页,是商品细节信息的主要展示页面,相当于商品的说明书。当顾客想购买某款商品时,一定会进入商品详情页详细查看商品的展示和描述,好的详情页通过展示商品特点、功能和优势等,吸引顾客下单,最终提高转化率,所以详情页的设计尤为重要。

## 活动1  规划详情页

甜果时光铺子主营水果干休闲食品.详情页设计以绿色、橙色为主,体现出零食的美味、健康和诱惑。考虑到顾客浏览页面的耐心值,详情页要在有效传达产品信息的基础上进行提炼,并非越长越好。零食类商品的常见详情页模块见表3.1。

**表3.1  零食类商品的常见详情页模块**

| 序号 | 模块名称 | 体现内容 |
|---|---|---|
| 1 | 商品信息<br>Commodity Information | 名称、产地、包装、成分、口味、生产日期、保质期、净含量、保存方法等 |
| 2 | 商品特色<br>Commodity Feature | 优势、功能、益处等 |
| 3 | 商品展示<br>Commodity Display | 从不同角度展示商品,包括包装展示、场景展示等 |
| 4 | 商品细节<br>Commodity Details | 商品卖点的体现,放大商品的细节图 |
| 5 | 品牌故事<br>Brand Description | 品牌故事、历史、规模、服务、愿景等 |
| 6 | 卖家承诺<br>Seller's Promise | 7天无理由退换货、24小时发货、假一赔三、正品保障等 |
| 7 | 温馨提示<br>Tips | 关于快递、关于发票、关于服务、关于签收、关于色差等 |
| 8 | 关联营销<br>Related Sales | 关联其他商品,提高店铺商品转化率 |
| 9 | Q&A问答 | 以问答的方式解决买家的疑问 |
| 10 | 适用人群<br>Suggested Crowd | 商品适用人群 |
| 11 | 商品成分<br>Commodity Ingredients | 商品营养成分 |

制作详情页时,并非每个模块都要用上,可以根据商品的具体情况进行选择。水果干详情页的设计包含7大部分。

第1部分：商品创意，宣传商品。

第2部分：商品推荐，关联店铺内其他商品，做二次营销，提升客单价。

为什么要商品推荐

第3部分：商品信息，展示商品属性、规格、保质期等信息，帮助顾客了解商品。

第4部分：商品特色，展示商品优势、功能、益处等体现商品特性。

第5部分：商品成分，展示商品主要的营养价值。

第6部分：适用人群，为商品添加"亲感"附加价值，获得顾客的情感共鸣。

第7部分：温馨提示，打消顾客的疑虑，促使顾客下单购买。

## 活动2  制作详情页

### 1.图片准备

在制作详情页前期，要根据不同模块图片的需求情况准备大量清晰的图片。

### 2.详情页制作

步骤1：制作商品创意图。

①打开Photoshop，按"Ctrl+N"快捷键，新建文档，宽度为750像素，高度为10 000像素，分辨率为72像素/英寸，颜色模式为RGB颜色，背景内容为白色。

②选择"视图"→"新建参考线"，选中水平取向，位置为900像素，如图3.41所示。这时在页面中添加了一条参考线。

③分别导入"1大自然背景"和"2木质背景"素材图片，移动到合适位置，合并两个图层，并将其命名为"商品创意背景"，如图3.42所示。

图3.41　新建参考线

图3.42　商品创意背景

④导入"3黄桃干"素材图片,用钢笔工具对素材进行抠图处理。将抠好的图片移动到当前操作的文档中,生成新的图层,并将图层重命名为"商品图",按"Ctrl+T"快捷键,自由缩放调整图像大小,然后将图像拖拽到合适位置。

⑤按下"Ctrl+U"快捷键,调整图像色相/饱和度,将饱和度调整为"21",其他为"0"。

⑥按下"Ctrl+B"快捷键,调整图像色彩平衡,选择中间调,3个数值分别为"24、-12、-42"。

⑦按下"Ctrl+L"快捷键,调整图像色阶,参数为"0、1.00、210"。

⑧双击"商品图"图层,为图像添加投影效果,不透明度为33%,角度为120,距离为10像素,大小为9像素,如图3.43所示。

⑨新建"高品质"背景。图层使用钢笔工具或者多边形套索工具,绘制"高品质"背景,背景填充选区色为#fc7401,为"高品质"图层添加投影效果。

⑩输入文字"高品质",设置字体颜色为白色,设置字体为微软雅黑,如图3.44所示。

图3.43　为图层添加投影样式　　　　图3.44　效果图

⑪输入文字"黄桃干",设置字体颜色为白色,字体为微软雅黑,字体大小为92点。

⑫输入文字"美味诱惑",设置字体颜色为白色,字体为微软雅黑,大小为86点,按"Ctrl+T"快捷键,然后按"Ctrl+Shift"快捷键,拖拽节点使文字倾斜。选择文字图层,右击鼠标,选择"创建工作路径"命令,文字生成路径。选中"直接选择工具",对"诱"字的锚点进行变形处理,按"Ctrl+Enter"快捷键生成选区,填充为白色,如图3.45所示。

图3.45　文字路径变形

⑬复制"美味诱惑"文字图层，生成"美味诱惑"拷贝图层，调整图层顺序至"美味诱惑"文字图层下方，设置文字颜色为#ff5e01，利用方向键向上、向右微调其位置，形成立体字，复制投影样式为文字设置投影效果，如图3.46所示。

图3.46 立体字效果

⑭新建图层，命名为"矩形"，绘制矩形按"Ctrl+T"快捷键，然后按下"Ctrl"键，对矩形进行斜切变形，并填充颜色为#179ba5。创建文字图层，输入文字"撩动味蕾 好甜好脆好酥软"，颜色为白色，字体为微软雅黑，大小为39点。将矩形和文字两个图层水平居中对齐，如图3.47所示。

图3.47 矩形和文字效果

⑮除背景图层外，选择所有图层，按"Ctrl+G"快捷键创建组，将生成的组1，命名为"商品创意"。

步骤2：商品推荐。在详情页中可以关联其他商品，方便顾客拥有更多的选择，注意排版的舒适度，不要过于密集。

①制作栏目标题。新建图层，命名为"标题背景"。创建矩形选区，填充颜色为#66d603。创建文字图层，文本为"商品推荐Commodity sale"。选择多边形工具，在属性栏中设置边为"3"，创建三角形。选择矩形工具，利用自由变换工具进行斜切变形。将三角形和矩形填充颜色为#8fff2c，如图3.48所示。将商品推荐栏目中的形状、背景和标题文本等图层组合成组，命名为"商品推荐栏目"。

图3.48  制作商品推荐栏目

②制作商品推荐模块背景。新建参考线，选中水平取向，位置为1 800像素。选择矩形工具，在属性栏选中"形状"类型，为商品推荐模块添加淡灰色(#d4d4d4)背景，创建矩形，图层命名为"商品推荐背景"。再利用矩形工具，创建一个正方形，生成"形状1"图层，按"Ctrl+J"快捷键复制3个形状图层，分别生成"形状1拷贝""形状1拷贝2""形状1拷贝3"图层，移动调整形状的位置。为4个形状图层设置描边样式，白色，大小为5像素，内部位置，如图3.49所示。

图3.49  创建形状

③导入商品图。导入"4猕猴桃干""5葡萄干""6枣"和"7混合水果干"4张素材图片，调整图片大小和位置后，使用剪贴蒙版控制显示范围和位置，再利用色阶、色相/饱和度、色彩平衡等命令对图片进行处理，如图3.50所示。

④添加文案。分别创建"猕猴桃干¥19.9/2袋""葡萄干¥19.9/斤""品质枣¥9/斤"和"4种配齐装¥99/盒"文字图层，将价格的字号适当调大。创建"立即购买"白色文字图层以及颜色为#d84f04的圆角矩形，调整其大小及位置，如图3.51所示。将商品推荐步骤中的所有图层选中并新建组，命名为"商品推荐"。

步骤3：商品信息。

①栏目标题。复制商品推荐栏目组，修改组名为"商品信息栏目"，修改标题文本，移动到合适位置。

②导入商品图片。导入"8黄桃干"素材图片，调整图片大小和位置后，使用剪贴蒙版控制显示范围和位置，再利用曲线、色相/饱和度、色彩平衡等命令对图片进行处理，如图3.52所示。

③添加文案。输入文字"多汁大黄桃 美味戒不掉"，颜色为#d84f04，字体为微软雅黑，大

图3.50 剪贴蒙版的效果

图3.51 商品推荐模块的效果

图3.52 处理商品图片

小为28点。选择画笔工具，设置画笔大小为6，硬度为100%，设置"画笔设置"中的"间距"为220%，按"Shift"键的同时，拖拽鼠标画虚线。输入商品基本信息，将商品信息步骤中的所有图层选中并新建组，命名为"商品信息"，如图3.53所示。

图3.53　商品信息模块效果

步骤4：商品特色。

①栏目标题。复制栏目组后修改组名为"商品特色栏目"，修改标题文本，移动到合适位置。

②制作商品特色模块架构，绘制4个半径为10像素的圆角矩形，模式为形状，填充颜色设置为#eaff00，无描边，添加投影效果，如图3.54所示。再绘制4个白色矩形，调整其大小及位置，使用剪贴蒙版控制矩形的显示区域，效果如图3.55所示。

图3.54　商品特色模块架构　　　图3.55　绘制白色矩形

③导入"9黄桃干""10黄桃干""11黄桃干"和"12黄桃干"4张素材图片,使用剪贴蒙版控制图片显示,如图3.56所示。

④添加文案。在白色矩形图层上添加文字,颜色为#fb7401,在文字之间添加线条隔开,改变文字字号及字体,灵活展示每个特色内容,最终效果如图3.57所示。

图3.56　剪贴蒙版控制图片显示

图3.57　商品特色模块效果

步骤5:商品成分。

①栏目标题。复制栏目组后修改组名为"商品成分栏目",修改标题文本,移动到合适位置。

②制作背景。绘制圆角矩形作为商品成分的模块背景,半径为10像素,填充颜色为#f7ffe9。

③导入"10黄桃"素材图片,调整图片亮度、色相/饱和度。绘制一个圆形,利用剪贴蒙版控制图片显示,设置圆形描边样式。

④添加文案。模块添加的文案为"丰富的营养让您吃得健康",强调营养健康的主题。围绕商品图片从不同角度展示商品主要的营养价值,增强消费者对商品的信任感。添加"维生素A、维生素C、维生素E、胡萝卜素、纤维素、锌、硒、磷"文本,改变字体颜色并利用自由变换工具旋转角度,最终效果如图3.58所示。

图3.58　商品营养价值的模块效果

步骤6：适用人群。通过展示适用人群，为商品添加"亲感"附加价值，从而引起顾客的情感共鸣，增强顾客购买欲。

①栏目标题。复制栏目组后修改组名为"适用人群栏目"，修改标题文本，移动到合适位置。

②制作背景。导入"13黄桃干"图片素材，调整其大小及位置，不透明度设置为6%。

③导入"14老年人""15年轻人"和"16儿童"3张素材图片，调整图片亮度、色相/饱和度。绘制3个圆形，利用剪贴蒙版控制图片显示。

④添加文案。模块添加的文案为"老少皆宜均可食用""【健康美味　滋味无穷】"以及商品功效相关内容，最终效果如图3.59所示。

图3.59　适用人群的模块效果

步骤7: 温馨提示。

①栏目标题, 制作方法与其他部分标题一致。

②导入"17联系我们""18关于快递""19关于验货"和"20关于发票"4张素材图片, 添加文案完成"温馨提示"模块制作, 效果如图3.60所示。

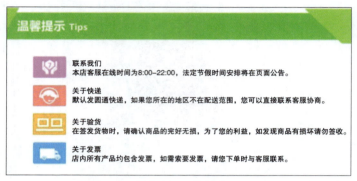

图3.60　"温馨提示"模块效果

步骤8: 详情页剪切及切片操作。详情页的各个部分完成后, 要查看整体页面效果, 对存在问题的区域做局部修改和调整。

①页面裁切。选择最上面一个图层或组, 按下"Alt+Ctrl+Shift+E"组合键对图层进行盖印操作。对文件下方多余空白区域进行剪切操作。

②新建参考线。先删除之前创建的参考线, 然后选择"视图"→"新建参考线版面", 在弹出的对话框中选中"行数"复选按钮, 行数为"3", 装订线为"0", 单击"确定"按钮。

③页面切片。选择切片工具, 在属性栏中设置"基于参考线的切片"。

④保存切片文件。选择"文件"→"导出"→"存储为Web所用格式(旧版)", 在弹出的对话框中选中"缩放工具", 按住"Alt"键的同时, 滑动鼠标滚轮, 对图像进行缩小处理。切换为切片选择工具, 用鼠标框选中预览界面中的所有图片, 设置为"JPEG"格式, 单击"存储"命令。对图像进行保存后, 效果如图3.61所示。

图3.61　保存切片后的文件

详情页最终效果如图3.62所示。

图3.62　详情页最终效果图

**阶段练习**

(1)练习切片操作,将图像平均切片并保存为8个JPEG格式文件。

(2)利用提供的素材,套版完成葡萄干和猕猴桃干的详情页制作。

# ▶▶▶▶ 任务4
# 上传商品

## 活动　上传商品

详情页制作完成后,还要设计完成商品的主辅图,最后再上传商品,发布宝贝。接下来让我们一起学习商品主图和辅图的制作方法。

**1.设计主副图**

主副图一般需要制作5张图片，尺寸为700像素×700像素，背景可以选择纯色背景或场景图。主图通常包括4个要素：背景、商品、Logo、文案。

制作主辅图的注意事项：商品图片比例要合理，不得变形、模糊；图片要大小突出，占三分之二的位置；首张图要放正面图，可以加促销活动；其余辅图可以是细节图或其他角度的图。

步骤1：制作Logo图。

①新建700像素×700像素大小的图片，利用钢笔工具绘制锚点和曲线，如图3.63所示。绘制完毕后，用路径选择工具选取移动路径，用直接选择工具选取锚点，单独对锚点进行修改处理，如图3.64所示。

②按"Ctrl+Shift+N"组合键新建图层，图层名称命名为"桃子"。设置画笔颜色为红色（#ff0000），大小为5像素，硬度为100%。按"Ctrl+Enter"快捷键将路径变为选区，在路径面板中选中当前路径，单击鼠标右键，选择"描边路径"命令，在弹出的"描边路径"对话框中选择"画笔"工具，单击"确定"按钮完成路径描边操作，如图3.65所示。

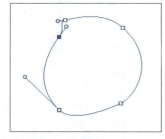 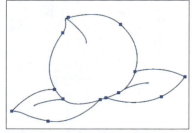 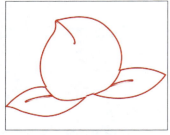

图3.63　钢笔绘制曲线　　　图3.64　钢笔绘制曲线并修改　　　图3.65　描边后的效果图

③输入文字。Logo文字可以用汉字和英文，输入"甜果铺子"文字，字体为微软雅黑，大小为40点，加粗。输入"Sweet Fruit"英文，字体为微软雅黑，大小为20点，常规设置。因为Logo最终要放置在主副图上，为了体现其简洁性，不再为Logo制作背景。选择制作Logo的所有图层，按"Ctrl+G"快捷键创建组，命名为"Logo"，调整图形和文字的大小，移动到文档的左上角位置，Logo效果图如图3.66所示。

步骤2：制作主图。

①导入"13黄桃干"素材图片，利用自由变换工具对图片进行缩放处理，调整图片色阶、色相/饱和度和色彩平衡命令，使商品体现出美味和诱惑。

图3.66　Logo效果图

②利用钢笔工具沿着商品盒子下边缘及文档边，绘制一条闭合曲线，如图3.67所示。转换为选区后，填充为橙色（#ff9c00）。

图3.67　钢笔绘制曲线

③添加文案"¥19.9/3袋"。再利用椭圆工具绘制圆形，填充色设置为0%，描边为绿色（#66d603），大小为6像素，位置居中。按"Ctrl"键，点击圆形缩览图载入选区，选择矩形选框工具，在属性栏选择"从选区中减去"格式，框选圆形选区的下部分，减去选中的选区后的效果如图3.68所示。

④新建图层，命名为"半圆"，为半圆选区填充黄色（#ffff00）。添加文字"领券再减5元"，字体为微软雅黑，大小为51点，加粗。数字"5"单独选中进行加大字号处理，颜色为白色。

⑤制作完毕后，将制作主图的所有图片及文字图层选中，创建组，命名为"主图"，查看图片整体，对个别细节进行处理调整，存储为"主图"，效果如图3.69所示。

图3.68　从选区减去操作　　　　　图3.69　主图效果图

步骤3：制作副图1。在制作过程中利用套版操作，只需修改商品图片和文案，这样不仅提升制图速度，还保证了主辅图的风格统一。

①在主图文档中，将主图组隐藏。

②导入"8黄桃干"图片素材，利用自由变换工具对图片进行缩放处理，调整图片色阶、色相/饱和度和色彩平衡命令，使商品色泽更加鲜艳动人；用污点修复画笔工具修复商品图片中的瑕疵，如图3.70、图3.71所示。

图3.70　原图中的污点　　　　　图3.71　污点修复处理后

③制作完毕后，存储为"副图1"，效果如图3.72所示。

步骤4：制作副图2。重复以上操作，完成"副图2"的制作，效果如图3.73所示。

图3.72　副图1效果图

图3.73　副图2效果图

步骤5：制作副图3。

①在主图文档中完成操作，将主图、副图1和副图2三个组全部隐藏，只显示Logo组。

②导入"11黄桃干"素材图片，利用自由变换工具对图片进行缩放处理，调整图片色阶、色相/饱和度和色彩平衡命令。

③绘制一个正方形，再绘制一个圆形，用"从选区减去"操作，填充颜色为#638b03，调整图形的位置至文档的右上角。添加白色文字"品质保证"，字体为微软雅黑，适当调整其大小并旋转角度，效果如图3.74所示。

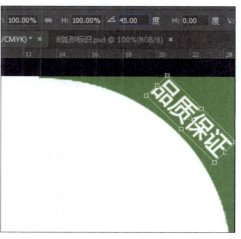

图3.74　文字旋转45°

④选择减淡工具，设置大小为92像素，硬度为0%，范围中间调，曝光度为50%，在白碗上进行均匀涂抹、减淡操作，涂抹过的区域明显变亮、变白，效果如图3.75、图3.76所示。

⑤制作完毕后，将制作副图3商品图片、图形和文字图层选中成组，组命名为"副图3"，存储为"副图3"。

步骤6：制作副图4。

①在主图文档中完成操作，只显示Logo组，将其他图层和组均隐藏。

②导入"21黄桃干"素材图片，调整图片色阶、色相/饱和度和色彩平衡命令。选择模糊工具，设置大小为200像素，硬度为0%，强度为50%，在商品图白盘边缘进行涂抹，涂抹过的区域将变

模糊。将该图层命名为"副图4"。制作完毕后,存储为"副图4",效果如图3.77所示。

图3.75　对白瓷碗减淡操作之前

图3.76　副图3效果图

图3.77　副图4效果图

### 2.上传商品

将商品主副图和详情页切片图上传到图片空间,在系统的提示下,完成商品上传。如果详情页存在关联营销、领取优惠券、搭配销售等有超链接的内容,可以用Dreamweaver或者用购买模板的方式完成。

### 阶段练习

(1)利用提供的素材,制作葡萄干商品5张主图。

(2)制作零食类目详情页模板。

(3)分别利用文本编辑和模板编辑两种方法上传详情页,体会哪种方法更方便。

# 任务5
# 上传首页

首页上传包括PC端和移动端,借助一些工具可以更快、更好地完成上传工作。

## 活动1 上传PC端

PC端首页可以大致分为店招、全屏海报或轮播区、其他部分,在上传图片到店铺之前,最好将首页按这几个部分切片。考虑到消费者访问网页时的响应效率,本次上传,除了将店招、全屏海报部分切片外,特惠专区和掌柜热卖也要分开切片,其中特惠专区按不同产品分开切片,完成之后上传到店铺图片空间。

### 1.店招上传

步骤1:将1 920像素×150像素的店招和导航条切成950像素×150像素的店招、导航条和1 920像素×150像素的页头。将950像素×150像素的店招、导航条储存为Web所用格式,格式是HTML和图像。然后将存好的JPG格式图片上传至淘宝图片空间。

步骤2:打开Dreamweaver软件,在软件中打开"店招. html"。点击图片,把切好的950像素×150像素店招和导航条用Dreamweaver制作成代码。点击矩形框,在图中设置需要链接的区域,如导航条"首页",把链接中的#去掉,附上需要链接到的地址(每个需要附上链接的区域都必须这么做),如图3.78所示。

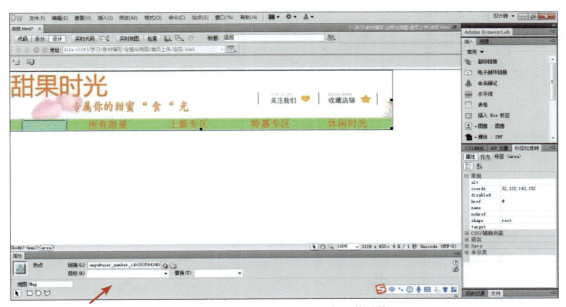

图3.78 用Dreamweaver添加导航链接

步骤3：点击整张店招图片，把属性栏的源文件"images/店招. jpg"改为店铺图片空间中店招图片的图片地址，如图3.79所示。

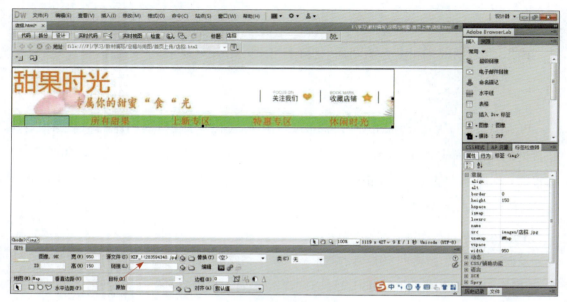

图3.79　修改图片地址

步骤4：点击代码，将页面切换到代码模式，将<body></body>之间的代码复制下来（注意：不包括body），如图3.80所示。

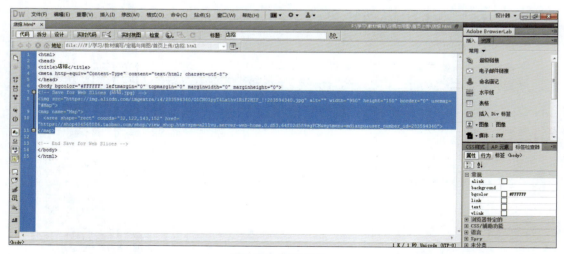

图3.80　复制代码

步骤5：进入店铺装修页面，点击店招部分，选择编辑，选择自定义招牌，点击"源码"，将代码粘贴进来，如图3.81所示。点击"保存"按钮，完成导航代码。

图3.81  粘贴代码

步骤6：点击页头，将页头图片上传，背景显示为"不平铺"，对齐方式为"居中"。完成店招的上传，如图3.82所示。

图3.82  完成店招上传

**2.上传全屏海报**

添加1 920 "全屏宽图"模块，点击编辑，上传全屏海报。涉及的链接，按店招导航添加链接的方法进行操作。

**3.首页其他部分上传**

添加"自定义内容区"模块，依次上传其他部分切片图片，完成PC端的首页上传。

**阶段练习**

完成PC端的首页上传。

## 活动2  上传移动端首页

移动端的首页上传，使用原模板上传较简单。

步骤1：登录淘宝旺铺手机端后台，选择模板，官方模板可以免费使用，也有设计师模板供付费使用。

步骤2：根据手机端首页的需要，选择合适的模块，对模板进行布局。这里主要选用图文集中的"单列图片模块"，如图3.83所示。

图3.83  选择模块

其中优惠券部分，使用"美颜切图"模块，便于添加热区，如图3.84所示。

图3.84  添加热区

步骤3：编辑模块，上传图片。依次将手机端首页的切片上传，如图3.85所示。

步骤4：添加链接。除了需要切图添加热区的"优惠券专区"（见步骤2），其他专区选择的都是"单列图片模块"。链接的操作比较简单，在对应的编辑区中点击链接，选择对应的链接即可，如图3.86所示。

图3.85　手机端首页上传效果

图3.86　添加链接

步骤5：完成首页上传。用上述方法，将剩余的首页上传到移动端即可。

**阶段练习**

完成移动端的首页上传。

# 情境 4
# 箱包店铺的网店美工

## □ 情境导航

愉途箱包公司生产 ABS、EVA 等材质的拉杆箱、旅行箱、化妆箱等品种在内的各类高级旅行用品。该品牌注重产品质量的追求，针对各科的需求而不断开发新品。

小程是某职业学校的毕业生，她接受了愉途公司网店美工的工作，计划从以下任务入手：

（1）制订视觉设计方案。网店将产品定位于"高级的新潮旅行用品"，为了使网店装修符合品牌形象，公司计划制定店铺的视觉效果。

（2）设计首页。首页是店铺的门面，在新的视觉设计方案中，需要体现品牌的高级、新潮。首页设计包括 PC 端和移动端。

（3）设计详情页。详情页是网店美工的重点任务，详情页设计风格直接体现商品的本质和特征。

（4）上传商品。按照店铺视觉设计方案，设计主副图，并将主副图和详情页上传到店铺。

（5）上传首页。上传商品后，确保首页的各个商品都有完整的超链接，准确地上传到 PC 端和移动端店铺的首页。

## □ 学习目标

通过本情境的学习，应达到的具体目标如下：

● 知识目标

熟悉视觉设计方案内容；

了解箱包类商品客户定位及心理分析；

熟悉图片精修技巧；

了解详情页规划的方法；

熟悉淘宝网店移动端自定义装修方法。

● 能力目标

能制订简单的详情页规划；

能制作复杂的详情页；

能精修商品图片；

能完成复杂的移动端网店首页上传。

● 素质目标

提升学生职业素养；

培养学生解决实际问题的能力；

培养学生正确的审美观；

提高学生法制意识。

>>>>>>> **任务1**
# 制订视觉设计方案

## 活动　制订箱包店铺的视觉设计方案

### 1.客户群体定位与风格

愉途箱包的箱包定位为时尚、简约，主要客户群体为商务、时尚人士、旅行爱好者、学生族等，这些客户具有以下特征：

①追求自我主张；

②相对于价格来说，更注重质量和样式；

③对时尚和流行有一定的敏感度；

④对潮流辨识度很高。

### 2.客户群心理分析

愉途箱包旗舰店的客户多为商务、时尚人士、旅行爱好者及学生，视觉设计一定要符合这一群体的消费心理。愉途箱包旗舰店的客户心理具有以下特征：

①高客流、高品质消费心理；

②对于时尚和潮流很注重；

③对品牌创新有一定要求。

结合消费心理所总结的特征，是一种高要求的新潮感和品质感，总结关键词："旅行风"。

### 3.配色基调

在设计之前，需要先明确一份完整的设计图的组成部分：文案、背景、产品图。这三个元素所含的颜色构成了整个画面的色彩。

①配色比例：主色约为70%，辅助色为24%，点缀色为4%左右。

②初始流程：主推产品图片，促销文案，海报的风格等。

根据色彩的特性，不同的色彩能给人不同的感受，人对色彩的冷暖感觉基本取决于色调。色系一般分为暖色系、冷色系、中性色系三类。色彩的冷暖效果还需要考虑其他因素。例如，暖色系色彩的饱和度越高，其温暖特性越明显；而冷色系色彩的亮度越高，其冷的特性越明显。那么，时尚简约的箱包品牌应如何用色彩去表现品质呢？

愉途箱包旗舰店的店铺装修基调为藏青色（包括深藏青和浅藏青），辅助色调定为金色、卡其色和淡灰色，如图4.1所示。

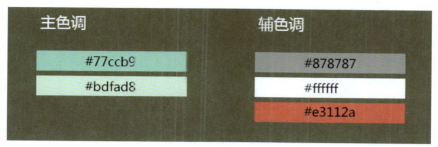

图4.1　配色表

### 4.字体选择

字体方面,可选择简约大方的字体,根据愉途箱包箱包的特点以及客户定位完成字体选择。愉途箱包旗舰店选用《昕薇》的常用字体:方正正大黑、微软雅黑以及方正兰亭黑简体(方正系列字体可能存在版权问题,可以换成近似字体)。

### 5.模特形象选择

箱包类商品都需要模特展示,模特的形象能直接体现商品定位,比如朝气蓬勃的少年,都市潮流中的商务人士,喜好旅行的驴友等。愉途箱包旗舰店的产品定位为简约高端,欧美模特能给人高端的感觉,所以模特以欧美的时尚年轻男女为主。在模特形象方面,要求面貌阳光,姿势优雅,表情沉稳,如图4.2所示。

图4.2　模特形象选择

**阶段练习**

(1)搜索并下载活动中提到的字体。

(2)根据本活动的配色方案,制作一幅广告图。

# 任务2
# 设计首页

为了确保首页整体风格统一,店铺计划对首页做一个整体设计。首页主要涉及3个部分:店招(含导航栏)、全屏轮播海报以及主推商品。

## 活动1  准备图片

### 1.图片选择

首页对单个商品的图片使用量不大,每个商品基本上选一张图即可。商品的图片选择能清晰展示商品特征的全图,如图4.3所示。

图4.3  拉杆箱(铝框TC-902)

拉杆箱重点突出时尚生活元素与青春气息,各类灵动的旅行箱纹路,打造别具一格的视觉美学。

### 2.图片处理

图片处理主要针对新拍摄的商品图片,常规旅行箱精修的处理步骤包括:背景处理→绘制产品结构→质感处理→光影→提升质感层次→调色。

愉途箱包旗舰店使用蓝色和灰色为店铺视觉设计的主色调,已经拍摄完毕的商品图片的背景基本是灰色,所有商品需要根据不同的背景进行抠图,所以本次图片处理以拉杆箱(铝框TC-424)为例,先处理背景,如图4.4所示。

步骤1:背景处理。使用Photoshop CC打开拉杆箱(铝框TC-424),可以看到产品左右两边的背景都有一些痕迹,不够光滑,需

未修

图4.4 拉杆箱(铝框TC-424)

要处理质感，具体操作如下：

①按"Ctrl+J"快捷键复制图层，使用快速选择工具选中拉杆箱。

②先反选，按"Shift+Ctrl+I"组合键，再点击调整边缘；选中视图中的黑底，适当调整智能半径的数值，勾选显示半径，添加平滑和羽化；再选择对比度和移动边缘，如图4.5所示。

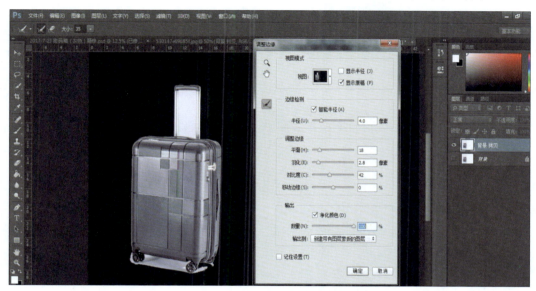

图4.5　选中产品调整边缘

③这时产品大致已抠出，但是拉杆箱边缘有没处理干净的背景部分，还需使用黑画笔在蒙版中涂抹调整，最后转化为智能对象，完成效果如图4.6所示。

图4.6　蒙版涂抹操作

步骤2：绘制产品结构。绘制主要是对商品本身存在的一些缺陷进行精细修复。产品精修首先需要分析产品的结构和光影，明确哪里是高光，哪里是反光，哪里是暗部。

具体操作如下：

①复制图层留作备用，放大图片，看到需要修复的位置，使用污点修复画笔工具（按快捷键"J"），在需要修复的位置处涂抹。

②根据实际比例用钢笔工具（按快捷键"P"），勾勒出箱体的前面部分，如图4.7所示。

图4.7 用钢笔工具勾勒前面部分

③填充绘制前面的颜色，再降低透明度，如图4.8所示。

图4.8 降低透明度

步骤3：质感。质感主要是对产品的材质进行处理，让产品的材质更加细腻，提升细节美感，表现出产品的高级感，具体操作如下：

①把凹槽部分抠取出来，添加内阴影图层样式，如图4.9所示。

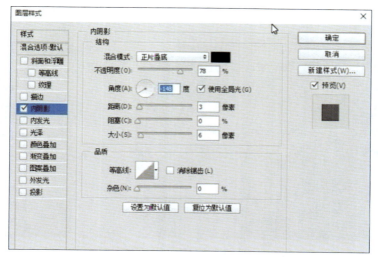

图4.9　凹槽图层样式

②把前面每一块分别抠出来后新建图层，填充对应颜色。

③将对应色块转为智能对象，选择"滤镜"→"其他"→"添加杂色"，如图4.10所示。

步骤4：光影（高光、反光、明暗交界线、暗部、投影）。产品的形体与光影相结合，能直接传递产品的美感，让产品更加立体，充分体现空间感。本次光影主要体现在旅行箱的箱体、右外侧+横把手、拉杆把手、轮胎、数码锁、拉链，具体操作如下：

①载入前面的整体选区，按"Ctrl+G"快捷键给前身的所有图层建组，并按"Alt"键添加剪切蒙版。

②使用钢笔工具分别添加黑白描边，如图4.11所示。选中菜单栏"选择"→"修改"→"羽化"（快捷键是"Shift+F6"）；适当调整不透明度和细节，如图4.12所示。

③分别添加"斜面和浮雕""投影"图层样式，如图4.13所示。

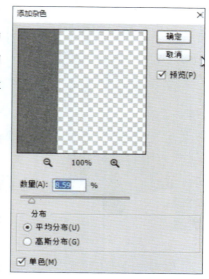

图4.10　菜单栏的滤镜添加杂色

④使用钢笔工具绘制出密码锁的形状，按"Ctrl+Enter"快捷键确认选区，并填充为灰色（按"Ctrl+Delete"快捷键），如图4.14所示。

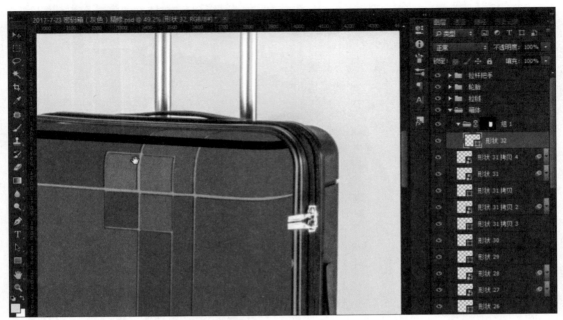

图4.11 黑白描边（暗部）

图4.12 羽化操作

⑤对密码锁的形状添加"斜面和浮雕""渐变叠加""投影"图层样式，如图4.15所示。

步骤5：提升质感层次。提升质感主要通过高反差保留操作，强化图片轮廓。

①盖印处理（按"Ctrl+Shift+Alt+E"组合键）。

②复制图层，点击"滤镜"→"其他"→"高反差保留"，半径建议设置为1~10像素。如果后期发现1像素不够，可再复制本图层来强化，如图4.16所示。

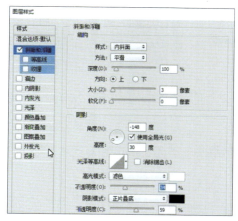

图4.13　斜面和浮雕

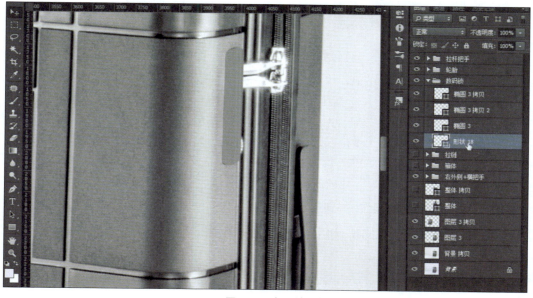

图4.14　密码锁形状

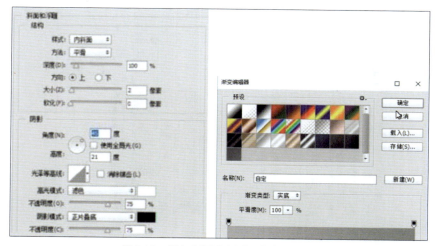

图4.15　添加斜面和浮雕、渐变叠加

③将高反差保留操作的图层混合样式设置为"柔光",用展现和隐藏图层的方式发现效果不明显,多复制几次,直到达到自己满意的效果为止。建议将高反差保留的多个图层全选,并建一个组(按"Ctrl+G"快捷键)。

步骤6:调色。调色的方式有很多,这里推荐使用"亮度/对比度+曲线"的方法,并利用调整图层实现调色,具体操作如下:

①添加亮度/对比度调整图层,适当增加亮度和对比度。

②添加曲线调整图层,适当调整即可,如图4.17所示。

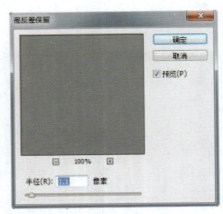

图4.16　高反差保留操作

图4.17　调整曲线+调色操作

通过以上6个步骤的操作,得到最终效果图。可以与原图对照处理效果,图4.18产品本身为灰色,拍摄时因白平衡出现问题,如果要处理为灰偏紫色,只需要将开始添加的灰色色块换成灰紫色色块即可。

以上是常规的产品精修处理过程,但在实际使用过程中,还需要根据实际的图片需求进行处理,甚至包括要重新抠图等。

图4.18　前后对比图

**阶段练习**

（1）常规的产品抠图处理步骤包括哪些?

（2）高反差保留操作的主要作用是什么? 请简述操作步骤。

（3）调色的工具有哪些? 请尝试用教材中没有提及的工具完成调色。

（4）从素材中选出首页制作需要使用的图片,按照上述操作,完成图片准备工作。

## 活动2　设计PC端首页

### 1.首页规划

为了保证页面的整体统一,制作首页之前要先做好整体规划。愉途箱包定位高端,首页也应该体现出简约震撼的感觉,所以首页设计为全屏首页,即宽度为1 920像素。店铺首页的构成元素:店铺页头(店招+导航条)、活动促销(全屏海报+优惠券)、店铺产品(产品分类+主推产品),具体结构如图4.19所示。

在首页制作过程中将会产生较多的图层,完成每一个区域都应该将图层选中,建立分组。

### 2.店招设计

店招设计思路如下:

①以品牌宣传为主:重点体现产品和品牌,包括名称、Logo、关注、收藏等信息。

②促进商品销售:店招上适当地加入红包或优惠券领取的按钮。

店招的制作规范、流程如下:

①确定风格。

图4.19　首页规划图

②布局:确定店招尺寸、店招构成、区块划分。a.左边放Logo,Logo之下放品牌名;b.中间放品牌宣传语的相关文字;c.右边放店铺主推的商品促销信息。

店招本身只有120像素的高度,本次设计直接将店招和导航栏的30像素放在一起设计,高度定位150像素,操作步骤如下:

步骤1:打开Photoshop,新建宽度为1 920像素(全屏),图片名称为首页,填充背景色为#dbdbdb。

步骤2:添加150像素的水平参考线,新建图层,将图片顶端的150像素高度的区域全部填充为深灰色,颜色代码为#636363。如果觉得颜色太深,可以适当改变颜色代码,如#464646。

步骤3：划分导航栏区域。店招和导航栏一起设计完成，但在制作过程中还是要加以区分，新建120像素的水平参考线，两条参考线中间形成30像素的导航栏。在120像素和150像素的参考线上，各画一条两像素的纯黑（#000000）的线条，添加投影，图层混合模式设置为柔光，颜色设置为白色（#FFFFFF），不透明度为30%，距离为1像素，扩展和大小为0。

步骤4：店招设计。

为了提高用户视觉体验，店招采用简洁设计，仅放置Logo、少量品牌定位的文字以及促销信息，颜色以纯色为主，元素不要太多，清爽舒适的页面多留白。

全屏首页制作时，通常不要把所有内容铺满全屏（并不是所有设备都支持全屏首页显示），中间的内容通常在940~1 434像素即可。添加垂直参考线，位置为484像素和1 434像素，添加后锁定参考线。在940像素内完成店招制作（（1 920-940）/2=484，940+484=1 434）。

具体内容包括：

①放入Logo。在偏左的位置放入拉杆箱Logo。

②品牌定位文案。

"安全感与时尚俱来，您一生的旅行管家"，字体为思源黑体 CN Normal，大小为17点。

步骤5：添加促销信息。

本期的促销方式主要为人气推荐"满减"，领券下单立减100（颜色为#eb3c74），券后价为¥499起。文字使用黑色（#242424），¥499数字使用的颜色为#a41326，背景使用的颜色为#b3f3d0，整体设计与Logo搭配醒目，如图4.20所示。

图4.20　促销信息

步骤6：完成导航栏制作。

导航栏设置：首页、所有宝贝、热卖爆品、拉杆箱、商场同款、铝镁合金系列、跨境合作、品牌故事等8个分类，并预留搜索框和搜索按钮，字体为思源黑体 CN Normal，大小为20点，颜色为#000000，文字左右两端添加白色虚线。

店招制作完成，选中除背景外的所有图层和分组，建立"店招"分组，店招最终效果如图4.21所示。

图4.21　店招效果图

### 3.海报制作

本次海报的商品是店铺新品：不沉不费力的PC拉杆箱。操作步骤如下：

步骤1：选定海报区。在导航条下方，选择一个1 920像素×800像素的区域，填充为灰色。

步骤2：抠图。为了给海报添加一个有质感的背景，所以要先对图片做抠图处理。本次抠图采用蒙版遮盖原来背景的方法完成。

①首先打开产品图片，复制图层，使用钢笔工具精确抠出产品，箱体的投影需要扣除，重新制作一份新的投影。

②抠除背景，可以利用调整边缘（有的版本叫作选择并遮住），视图选择黑底，使用调整边缘画笔工具点击或涂抹箱体的边缘灰白色区域，直到灰白色区域全部消失，之后输出区域选择图层蒙版，单击"确定"按钮。如果发现箱体边缘还有一些灰白色区域，可以在蒙版上使用加深工具适当涂抹。

③完成上述操作之后，执行盖印（按"Ctrl+Shift+Alt+E"组合键），为提升质感，执行高反差保留操作（点击菜单栏"滤镜"→"其他"→"高反差保留"），图层混合模式设置为柔光。

④上述抠图还是会使白色背景的锯齿减少，如果有画图板，可以用画笔工具手动画出一些箱体的反光，添加到对应位置。

将上述4个图层移动到首页PSD图中，图4.22考虑到海报要与店招整体协调，展示海报的图片都放入了店招（下同），并建立组，文件名为产品。

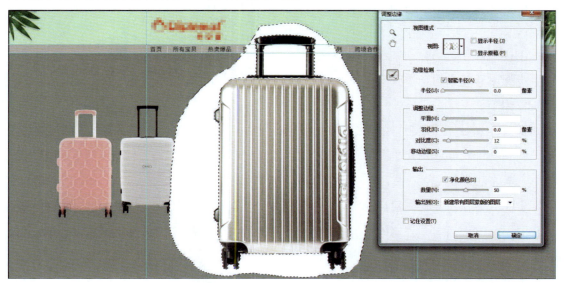

图4.22　首页箱体抠图效果图

步骤3：制作海报背景。

背景采用错落的台柱，方便呈现箱体的品质和质感，如图4.23所示。

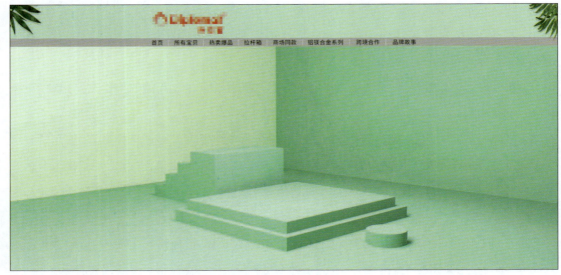

图4.23　海报背景效果

分析箱体和背景光源方向，箱体的主光源应该来自左前方，背景光源应该来自顶端稍微靠后一点的位置，做到光源一致，整体视觉效果自然会和谐一些。

（1）背影处理

在原背景元素图层中添加蒙版，用黑色硬度为0的画笔涂抹海报背景区上方和中间区域，在中间形成暗部，改变原来顶端光源的效果。

（2）产品箱体处理

步骤1：正前方的光线应该在箱体背面产生一个阴影，并且在箱体的下方也要制作一层投影体现立体感。

步骤2：新建图层，制作暗部光影，使用深灰色（如#1E1E1E）、硬度为0的画笔在箱体的左右一侧画出阴影作为箱体背景。除了投影外，箱体身上的明暗部位也需要做一些简单的调整（高光、暗部）。

步骤3：方法是新建图层，制作高光区域，用矩形工具框画浅白色（#fff8ef）的方形，然后栅格化图层，并点击菜单栏"滤镜"→"高斯模糊"，最后将图层混合样式设置为柔光，不透明度为40%，这样高光就完成了。

也可以考虑另一种方法，光源在箱体表面投射出来的明暗区域，分别用加深工具（高光部位）和减淡工具（暗部区域）在蒙版上涂抹，直至达到满意的效果为止。最终效果图如图4.24所示。

图4.24　产品与背景融合效果图

　　步骤4：添加文案。这里文案的一级标题"轻奢玩味旅途"字体是思源黑体CN，字体大小为99.94 点，颜色为#000000，其他的文字也均使用方思源黑体CN，文字颜色为黑色和白色。价格部分，添加醒目的红色矩形框，文字用白色，提高辨识度。"不沉不费力　挤压立即回弹"是二级标题，简要说明了产品的优势特点，字体的粗细和大小，充分呈现了画面的层次感，如图4.25所示。

图4.25　添加文案的海报

步骤5：完成海报。海报大体已经完成，但还需要最后一些操作。

①添加分割条。

在海报底部添加分割条。

②强化黑白关系。

海报为体现质感，可以在制作好画面后，盖印后添加高反差，并且在海报各元素上方添加一个渐变映射的调整图层。为了不改变箱体和文字颜色，将图层混合模式设置为柔光，不透明度为20%。

③为海报组添加蒙版。

之前添加的海报背景图还有一部分多余的，刚才添加的渐变映射会影响海报以外的区域，所以这里要为整个海报组添加一个蒙版。操作时要先将海报相关的图层全部放入海报组，按住"Ctrl"键，点击海报背景图层载入选区，在海报组上添加蒙版即可。海报与店招最后的效果图如图4.26所示。

图4.26　海报效果图

### 4.优惠券

优惠券的作用对于电商网站来说是不可或缺的，它是保持电商活跃度和转化率的手段。优惠券制作较为简单，这里不再赘述。

### 5.热卖推荐

步骤1：制作背景。使用纯色的浅绿色作为背景，加入几何图形，效果图如图4.27所示。

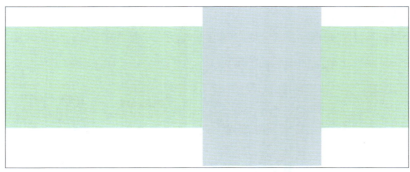

图4.27　专区背景图

步骤2：添加商品图片。热卖单品使用商品图，并且使用剪切蒙版控制显示区域，其他图片使用形象图代替，效果如图4.28所示。

图4.28　热卖专区加入图片效果图

步骤3：添加文案。这里的文案会产生较多的图层，建议按照商品分类建立分组。热卖单品添加了文字背景、方框等修饰，在英文中间添加了汉字（汉字的显示区是直接在英文文字图层上建立蒙版控制显示区域而形成的），字体以及颜色的使用与海报字体保持一致。其他几个分类的文字相对较小，文字与图片之间加入指向性的三角符号。最终效果如图4.29所示。

图4.29　热卖专区效果图

### 6.完成首页剩余内容

首页剩下的内容主要是商品推荐,制作难度不大,在其他情境中会有相关介绍,本活动不再讲解制作过程。最终首页效果如图4.30所示。

图4.30　首页效果图

**思政园地**

#### 实事求是　避免过度修饰

诚信经营是电子商务经营的基本要求,但是不诚信经营的情况仍然存在,针对"货不对板"的投诉从未停止,"卖家秀"与"买家秀"已经成了网友调侃的段子。出现这种情况的一个重要原因,是卖家对商品图片进行了过度修饰。

商品图片能够清晰地反映出商品的基本情况,部分卖家为了能够更吸引买家眼球,对商品图片进行了深度加工,对商品进行了过度修饰。精修图片确实能美化商品,获得买家青睐。但由于商品形象上的落差,很容易使买家不满,轻则退款退货,重则投诉,卖家得不偿失。

**阶段练习**

（1）理解并尝试制作自己喜欢的全屏首页规划。

（2）使用渐变叠加为图层添加颜色，新加入的颜色会受到原图层的干扰吗?

（3）尝试使用本活动抠出箱体的方法，完成多种箱体的抠图。

（4）理解并练习渐变映射的使用。

（5）完成首页制作。

## 活动3　制作移动端首页

随着智能手机等设备的普及，移动端流量已经远远超越PC端，所以移动端首页装修也必须重视。

移动端首页的宽度在不同情况下要求不同，如店招区域，店招通常要求做7 500像素×250像素，使用系统模块时要求图片的宽度是640像素，而自定义模块宽度只有608像素。

在移动端首页设计时，需要考虑与PC端风格一致，那么可不可以直接把PC端首页改成宽度为640像素或608像素宽度的图片呢? 答案是否定的。PC端首页两边有较多留白，移动端是小屏幕，会浪费较大的屏幕面积。移动端首页一定要保证可读性，通常要求文字字号不小于12点，直接缩小PC端首页无法保证这一点。那是不是PC端的首页完全不能重复利用呢? 经过慎重考虑，美工组决定将PC端首页重新布局，调整字号，制作一个宽度为640像素的移动端首页。

### 1.首页规划

移动端首页采用类似PC端首页的设计风格和布局方式，但也会有一些变化，比如店招无法再做较为复杂的设计，商品推荐都变成了两列式排版。如图4.31所示。

### 2.首页制作

移动端的Logo是自己上传的，所以直接做成红色的PNG格式。店招较小，应尽量简约，把愉途箱包的"安全感与时尚俱在　您一生的旅行管家"品牌宣传语做上去即可，但要注意文字的位置，不要被系统默认产生的内容遮挡，如图4.32所示。

导航区仅付费用户可更改底色，所以这里无法做任何处理，制作时可以直接留白。

图4.31　移动端首页规划图

图4.32　店招及导航栏

在移动端首页制作过程中，如果考虑切片之后上传，应该添加间隔为76像素、子网格为1的网格线（点击"编辑"→"首选项"→"参考线"→"网格和切片"选项中修改），每一张海报图或者每一个热卖推荐区域，都最好做成整数格，这样能更好地与移动店铺装修中图文类的自定义模块相吻合，如图4.33所示。每个自定义模块结束的文字都会有结束的间隔图形，无法删除，所以一张图被切成两部分，无法通过多个自定义模块拼接在一起。在实际运用中，可能不会每张图的高度都做成76的倍数，因为有时并非直接在淘宝后台上传，而是通过盛夏布局、码工助手、六月设计等一些工具上传的。

图4.33　移动店铺装修图文类自定义模块

另外，为了便于阅读，通常在首页两侧大概30像素内，不要有文字等重要信息，这些区域可能会因为设备屏幕的因素无法正常显示。

首页部分制作方式在介绍PC端首页制作的时候已经有详细讲解，这里不再复述，仅需要调整大小和位置即可。移动端首页完成之后效果图如图4.34所示。

**阶段练习**

使用现有的PC端首页，经过修改制作成移动端首页。

图4.34　移动端首页

# 任务3
# 设计详情页

设计优质的详情页是将访客转化为购买者的重要手段，一个优质的详情页必须准确地传递商品的内涵，促使消费者产生信任感，最终达成交易。

## 活动1　规划详情页

详情页设计应遵循视觉设计方案，详情页的主色调是白色、灰色和金色。白色主要作为背景，配以黑色的文字，而灰色和金色恰恰就是这款产品的两种颜色，这样设计可以更好地突出产品的颜色，加深消费者对产品的印象。

第1部分：宝贝形象，为产品做特性定位。

第2部分：关联营销，提高流量的利用率，增加其他主打宝贝的成交机会。

第3部分：设计理念，向消费者传达产品的设计理念，并通过产品的部分细节信息突出产品的设计亮点。

第4部分：产品信息，展示产品的型号、材质、尺寸等信息。

第5部分：颜色展示，分别从产品的正面、侧面和背面展示产品的两种颜色。

第6部分：细节展示，展示商品细节，增强消费者的购买信心。

第7部分：密码锁设置教程，提示消费者如何设置不同类型的密码锁。

## 活动2　制作详情页

### 1.图片准备

本次需要制作详情页的商品为铝框拉杆箱，货号为TC-902，拉杆箱有两色可选。详情页图片的选择相对简单一些，目前淘宝网大多数详情页都在20屏以上，所以通常需要大量的商品图片。图片处理的方法在首页制作时已介绍，这里不再重复。

### 2.详情页制作

在制作详情页时，背景颜色为白色和文字颜色为黑色是可以确定的，而使用与商品颜色接近的灰色和金色时，则需要根据不同的情况做出适当的调整。

步骤1：宝贝形象。宝贝形象是详情页的第一张图片，这一张图传递的信息是整个详情页的基调，所以这里需要注意三个问题：第一，选对图片；第二，添加具有煽动性的广告语；第三，传递商品价值。

主要操作如下：

①新建图片，宽度为750像素，高度可以设定在15 000像素左右，背景色设置为白色。也可以根据个人习惯自己设定。如果作图过程中图片刻度不够，可以通过画布大小增加高度；制作完成后，如果图片没有占用相应的像素，可以将多余的高度裁剪掉。

②导入模特图。考虑到整体美感和详情页篇幅，通过剪贴蒙版控制显示区域，如图4.35所示。

③添加文案。在右上方空白处添加英文"FASHION"，用于强化商品的时尚属性，使用比较随性、自由的字体（Mistral），颜色则选择与所展示宝贝相近的颜色（#ff8262）。添加中文"去发现""更多未知的美好"，字体分别为黑体和幼圆，颜色分别为#1b1b1b和#5a5a5a（后面多处使用这两种颜色，将不做重复说明）。而在"去发现"后面加上由破折号引申来的两条短直线，颜色分别为#ff8262和#5a5a5a，代表此宝贝可选的两种颜色：金色和银色。至于在中文下方添加的三行很小的英文，主要用作装饰，并没有实际意义，颜色为#b5b5b5。最终效果如图4.36所示。

图4.35 宝贝形象导入模特图　　　　　　图4.36　宝贝形象效果图

步骤2：关联营销。在详情页添加关联营销可以提高流量的利用率，增加店铺内其他主打宝贝的成交机会。

因为关联营销本身并不属于此详情页所要介绍宝贝的信息，所以为了区分和突出这一部分，就选择用有别于详情页整体色调的蓝色作为背景颜色。然后选择本店的另外三款主打宝贝作为推荐对象，结合宝贝的特点和店铺的活动。

制作关联营销，先绘制一个蓝色矩形，颜色代码为# 507891；再输入红色标题"爆款推荐"，并通过图层样式为其添加黄色描边；最后将本来已经制作好的3张商品图片导入，适当调整位置。最终效果如图4.37所示。

图4.37　关联营销效果图

步骤3: 设计理念。向消费者传达产品的设计理念，并通过产品的部分细节信息，突出产品的设计亮点。

①导入背景图片。分别导入设计理念背景图片1、2、3、4、5，背景图片之间略做分隔，使用剪贴蒙版控制显示区域，如图4.38所示。

②添加设计亮点图片。将设计亮点图片摆放在合适的位置。

③添加标号。参照效果图，在图片相应的位置添加标号及圆形图案。

④添加文案。参照效果图，在图片模特位置处添加方案，对产品的设计理念及设计亮点进行阐述，加深消费者对产品的印象，最终效果如图4.39所示。

步骤4: 产品信息。产品信息往往是详情页设计比较复杂的一个栏目，箱包类产品信息通常都会包括宝贝的型号、材质、颜色、尺寸等内容。在这里，为了让消费者对箱子的尺寸有一个更直观的了解，特别增加一个模特身高对比图。

①栏目标题。

栏目标题的作用是为了方便消费者浏览，不需要过多的设计，直接在背景上输入中英文标题，再加上几根线条点缀即可，如图4.40所示。

②基本资料。

制作基本资料要先做一个灰色的背景，左右两边分别留白15像素，颜色代码为#e8f0f3，再把宝贝图片放进来，加上阴影，注意阴影的位置；然后，分别加上型号、材质、颜色等基本资料，注意前后文字的粗细和深浅对比，最终效果如图4.41所示。

图4.38　设计理念导入背景图

图4.39　设计理念效果图

图4.40　栏目标题效果图

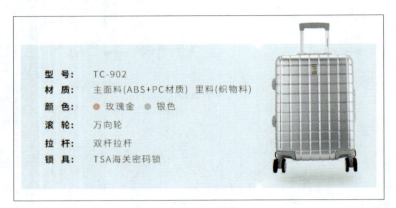

图4.41　基本资料效果图

③尺寸信息。

尺寸信息以表格的形式展现。但是,为了让消费者对箱子的尺寸有一个更直观的了解,在尺寸信息表的上方,先加入模特身高对比图,以便消费者能够更好地做出选择。

制作模特身高对比图。先导入模特剪影,再导入侧向展示的宝贝图片,复制两次宝贝图层,按比例进行缩放不同的宝贝图层,参照效果图,分别调整出20 in*、24 in和28 in的箱体,摆放到适当的位置。然后,分别用灰色线条标出箱体的长、宽、高以及与模特的身高对比。最后加入文字内容,最终效果如图4.42所示。

图4.42　模特身高对比图

*1 in=2.54 cm,下同。

制作尺寸信息表。首先利用参考线和直线工具参照效果图绘制出表格，线条粗细为1像素，灰色，然后在表格第一行各单元格分别填充底色，第一个单元的底色为#fbd3d3，其他单元格的底色为#fde9ea。最后分图层添加文字内容，并利用对齐功能将不同图层的文字对齐，注意文字大小和颜色深浅的不同。最终效果如图4.43所示。

| 尺　寸 | 20 in（可登机） | 24 in（建议托运） | 28 in（建议托运） |
|---|---|---|---|
| 箱体规格（长宽高） | 36.5 cm×25 cm×50 cm | 44 cm×25 cm×60 cm | 49 cm×27 cm×70 cm |
| 外观规格（长宽高） | 40.5 cm×25 cm×56 cm | 48 cm×25 cm×66.5 cm | 53 cm×27 cm×76 cm |
| 旅行天数 | 1~5天 | 6~14天 | 15天以上 |
| 推荐旅程 | 境内游 | 境内游/境外游 | 境外游/留学 |

*箱体规格不含轮高手把，外观规格含轮高手把。
*此款20/24 in为双锁设计，28 in为三锁设计。

图4.43　尺寸信息表效果图

步骤5：颜色展示。

宝贝有金、银两种颜色。在此对这两种颜色的产品进行正面、侧面和背面三个角度的展示。

①栏目标题。

制作方法与前面的标题一致。

②完成颜色展示。

首先导入颜色展示背景，调整其位置，左右两边分别留白15像素。再导入宝贝正面、侧面和背面图片，适当调整其大小和位置。绘制一个矩形的白色背景，将不透明度设置为80%，参照效果图在白色背景上输入文字内容，并加上表示宝贝颜色的短线。最后在宝贝侧面图和背景图下方绘制菱形并分别输入文字内容。最终效果如图4.44所示。

步骤6：细节展示。

由于在设计理念部分对产品亮点进行了展示，所以在此只展示产品的Logo、拉杆和脚珠三个细节。

①栏目标题。

制作方法与前面的标题一致。

②完成细节展示。

首先绘制一个灰色矩形，颜色代码为#f6f6f6；然后复制两次该图层，得到三个灰色矩形。调整其位置，使第一个和第三个灰色矩形左边留白20像素，第二个灰色矩形右边留白20像素。依次导入产品细节图Logo、拉杆、脚珠，适当调整其位置，参照效果图添加文字内容。序号01、02、03的制作方法并不难，首先将文字图层栅格化，使用多边形套索工具选择序号的右下角，按

图4.44　颜色展示效果图

"Delete"键删除，再使用直线工具贴着被删除的边绘制一条大小为1像素的直线即可。最终效果如图4.45所示。

步骤7：密码锁设置教程。

旅行箱目前常用的密码锁有三种，设置方法有所不同，消费者在操作时容易出错，在此特别添加三种密码锁的设置教程，以便消费者对号入座，迅速掌握自己所购买宝贝的密码锁如何设置。

首先在此处加入标题，但与前面的栏目标题不一样，制作时先使用直线工具绘制一条大小为25像素的灰色横线，颜色代码为#adb9b9；然后用矩形选框工具在左侧选取一段删除，在此处添加标题文字；最后添加白色的英文"THE PASSWORD LOCK"。完成后将这3个图层复制两次，调整好位置，再修改复制的标题文字内容即可完成3个标题的制作。

参照效果图将3种密码锁的素材图片导入，并调整好位置。素材图片中已对关键部位做好标记，不用再花时间添加标记。分别在图片下方输入设置步骤，注意重点内容用红色的文字突出。最终效果如图4.46所示。

步骤8：整体检查，完成详情页。

详情页的各个部分已经完成，最后还需要整体浏览，确定详情页整体协调，没有瑕疵。最终效果如图4.47所示。

图4.45　细节展示效果图

**阶段练习**

（1）关联营销的作用。

（2）完成详情页的制作。

（3）为另一款旅行箱完成套版操作。

## TSA海关扣锁设置教程　THE PASSWORD LOCK

第1步：调至初始密码000，根据箭头方向往上推，打开密码锁。
第2步：**在密码锁背面，将可拨动调码开关从OFF拨到SET。**
第3步：**拨动数字滚轮设置新密码，再回到密码锁背面，将可拨动调码开关从SET拨到OFF，设置成功。**

## 普通TSA海关锁设置教程　THE PASSWORD LOCK

第1步：初始密码为000，推动按钮，即可开锁。
第2步：**用笔尖或牙签等尖细物品，按下锁体侧面的小圆点使之处于凹陷状态。**
第3步：拨动数字滚轮设置密码，设置完成后推动开锁键，锁侧体圆点弹出，密码设置成功。

## 内嵌式TSA密码锁　THE PASSWORD LOCK

第1步：如图推动开锁键，拉链片即可弹出。
第2步：**用笔尖或牙签等尖细物品，按下锁体侧面的小圆点使之处于凹陷状态。**
第3步：拨动数字滚轮设置密码，设置完成后推动开锁键，圆点弹出，密码设置成功。

图4.46　密码锁设置教程效果图

图4.47　详情页最终效果图

>>>>>>>> **任务4**
# 上传商品

## 活动　上传商品

商品上传之后才会有商品的链接,这一链接是完成详情页关联营销和首页商品超链接的基础。商品上传在美工部分需要完成两部分内容:主辅图设计和详情页套版。

### 1.设计主副图

主副图一共包括5张图片,设计重点为主图和最后一张图,其他图片只要按照上述图片准备的操作,最后裁剪成700像素×700像素的大小即可。

（1）设计主图

主图通常可以添加图形和一些文字,比如Logo、促销信息、商品特性等,本店箱包崇尚简约,所以加上Logo即可。

步骤1:新建图片,宽度和高度均为700像素。

步骤2:填充背景。将前景色设置为#172d5e,背景色设置为#acbcdf,再利用渐变工具中的径向渐变对背景进行填充,效果如图4.48所示。

步骤3:导入宝贝图片。将之前已经做过抠图处理的银色旅行箱正面图导入,适当调整大小、位置和色调。

步骤4:添加Logo。将店铺Logo添加进来,放置在左上角,适当设置大小。

完成主图制作,最终效果如图4.49所示。对于其他商品主图的制作只需要在这张图的基础上将宝贝图片换掉,这种做法在网店美工中叫作"套版"。

图4.48　填充背景效果图

图4.49　主图效果图

（2）设计辅图

辅图设计相对简洁，这里的辅图与主图相比，少了渐变背景和Logo，制作比较简单。

（3）最后一张图设计

最后一张图谈不上设计，通常用的是一张可以做主图的图片，抠底换成白色背景即可。白色背景是手淘上首页的基本条件，也是参与部分活动和少数淘宝客活动的基本条件，所以通常将第5张图做成白色背景。

### 2.上传商品

将商品主副图和详情页切片图上传到图片空间，在系统的提示下，完成商品上传。如果详情页存在关联营销、领取优惠券、搭配销售等有超链接的内容，可以用Dreamweaver或者用购买模板的方式完成。

### 阶段练习

（1）完成辅图和最后一张图的制作。

（2）用套版的方法完成关联营销中三款旅行箱的主图制作。

## 任务5
# 上传首页

首页上传包括PC端和移动端，借助一些工具可以更快、更好地完成上传工作。

## 活动1　上传PC端

PC端首页可以大致分为三个部分：店招、轮播区和其他部分。在上传图片到店铺之前，最好将首页切片分成这三个部分。考虑到消费者访问网页时的响应效率，可以将除店招和轮播区以外的其他部分，按照海报和热卖专区分开切片，切片完成之后上传到店铺图片空间。

### 1.店招上传

步骤1：利用搜索引擎搜索"盛夏布局"，点击进入页面。

步骤2：在主配置界面中输入相应内容。配置名称：店招（也可以自定义），主尺寸自定义为1 920像素×150像素，主背景图的地址可以去图片空间中找到并复制，平铺方式为平铺，如图4.50所示。

图4.50 盛夏布局设置主配置

步骤3：添加超链接。点击右上方的热点层，为导航栏的各个分类添加超链接。首页的超链接在后台点击"店铺管理"→"查看淘宝店铺"，点击即可获得链接。分类链接需要首先进入"卖家中心"→"店铺管理"→"宝贝分类管理"，新建好分类，把现在装修的模板备份；然后还原到淘宝最初的模板。进入店铺首页，就可以看到设置好的分类，点击分类即可获得链接。热点框的添加一定要规范，可以自己设定一些规则，如上位移统一为120像素，高度统一为30像素，宽度按照字符数设定为50像素、100像素和75像素，添加热点之后如图4.51所示。

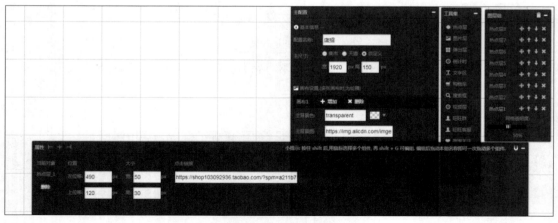

图4.51 为店招添加热点

步骤4：添加微淘关注。在店招中裁剪出"关注"对应的图片，上传到图片空间。在盛夏布局中点击"工具集"→"微淘关注"按钮，将按钮移动到店招图片关注的位置，输入"关注"图片的地址和店铺的微淘首页即可，如图4.52所示。

图4.52　添加微淘关注

步骤5：生成代码。点击上方"生成代码"按钮，选择"生成集市店自定义代码"，即可生成代码，复制代码，如图4.53所示。

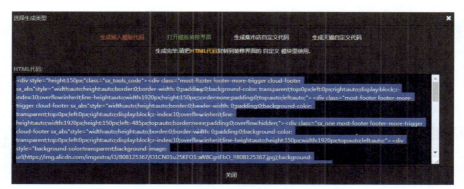

图4.53　生成代码

步骤6：植入代码。进入淘宝后台，点击店铺装修，在店招位置处点击"编辑"，选择自定义招牌，点击"源码"按钮，粘贴上一步生成的代码，点击"保存"按钮，如图4.54所示。

图4.54　自定义招牌代码框

步骤7: 设置页头。虽然在盛夏布局中设置的宽度是1 920像素,但是系统规定店招宽度只有950像素,也就是说店招两侧的内容仍然不能显示,解决的办法是加入页头背景图,点击左侧的"页头",在页头背景图处点击"更换图片",上传店招图,背景对齐选择居中,发布站点即可,最终效果如图4.55所示。

图4.55　上传店招效果图

### 2.上传轮播海报

轮播海报在盛夏布局和码工助手中都能完成,下面仍然以盛夏布局为例。

步骤1: 在浏览器中输入"盛夏布局",单击"全屏轮播"。

步骤2: 在主配置界面中输入相应的内容。配置名称为轮播(也可以自定义),主尺寸自定义为1 920像素×800像素(按照实际海报的大小填写,全屏海报宽度是1 920像素)。默认只有两个轮播图,即画布1和画布2,可以根据实际需要添加画布数量。在两个画布主背景图的地址处输入海报图对应的地址,其他内容可以默认,完成之后将用于显示当前海报的数字图标移动到中间下方的位置,如图4.56所示。

图4.56　轮播海报主配置

步骤3：添加热点。分别为两个海报添加热点，热点尽量覆盖整个海报，热点属性的设置：位置左位移为0，上位移为0，大小宽为1 920像素，高为800像素，如图4.57所示。

图4.57　轮播海报热点属性

步骤4：生成代码。点击上方"生成代码"按钮，选择"生成集市店自定义代码"，即可生成代码，复制代码。

步骤5：制作轮播海报区。在店招下方添加自定义区，点击"编辑"，在代码界面中粘贴上述代码，点击"确定"按钮，发布站点之后首页的最终效果如图4.58所示。

图4.58　加入轮播海报效果图

### 3.首页其他部分上传

首页其他部分分解之后就是海报和热卖推荐，为了提升消费者访问页面的效率，可以将剩余的海报和热卖推荐分开，按顺序上传。上传方式与店招上传相似，输入图片地址后在相应位置处加热点即可。注意，第一个热卖专区的热点链接不是单个商品，而是商品对应的分类。其他海报的位置也可以做几张同样大小的海报，安全屏轮播图的方式上传。

**阶段练习**

（1）熟悉盛夏布局的界面及功能。

（2）完成PC端首页上传。

## 活动2　上传移动端首页

对于移动端首页的上传，这里介绍一个更为简单的上传方式，即码工助手+码工在线辅助装修工具。在具体操作之前，要将首页切片并上传到图片空间。

步骤1：下载并安装码工在线辅助装修工具的插件。建议使用谷歌浏览器、360浏览器或者UC浏览器，因为码工在线辅助装修工具仅支持这三个浏览器。

步骤2：进入操作界面。进入码工助手网站，点击"淘宝移动端装修工具"，如图4.59所示。操作之前要先登录，否则不能自动生成代码。

图4.59　码工助手淘宝移动端装修工具界面

步骤3：导入图片。在模块设置中，将默认963像素的高度改成一个比第一张图片更高的像素，比如第一张图高为800像素，可以将高度设置成1000像素。设置高度之后点击"添加选区"，把产生的热点选区拖动到左上角，并在图片的位置处输入第一张图片的地址，如图4.60所示。

图4.60　导入图片

步骤4：添加热点。在下方空白区域拖动，即可产生热点框。将热点区域框拖动到图片对应的位置即可，在"热点属性"的"链接"的位置处输入商品移动端链接。使用这种方法，可以为首页的每张图片都添加热点，如图4.61所示。

步骤5：生成代码。点击右上角的"生成代码"按钮，生成之后点击"复制代码"即可完成复制。

步骤6：上传到移动店铺。进入移动端首页的装修界面，清空首页原有的内容，如图4.62所示。

图4.61　添加热点

图4.62　清空移动端首页

留意浏览器地址栏后方是否有一个蓝色图标，如图4.63所示。如果没有蓝色M图标，可能是因为码工在线辅助装修工具没有安装成功，需要重新安装。

图4.63　码工在线辅助装修工具图标位置

点击蓝色M图标，首先在弹出的工具界面中选择手机自定义安装，再在弹出的"自定义模块源码"对话框中粘贴从码工助手复制的代码，点击"保存"按钮。

自动刷新之后，即可看到上传效果，如图4.64所示。

图4.64　移动端首页上传的效果图

步骤7: 完成首页上传。用上述方法,将首页剩余的部分上传到移动端即可。上传过程中要注意,第一次上传的时候需要清空首页所有的内容。用上述方法上传首页剩余部分的时候,不要再做清空首页的处理。可不可以不切片或者少切片,同时做多个热点一次性上传呢? 码工助手一次只支持10个热点,只要热点数不超过10都是可以的。

这种上传方式不支持轮播。如果要上传轮播海报,可以先上传除轮播外的剩余部分,再在上方添加轮播模块。

**阶段练习**

(1)熟悉码工助手的界面及功能。

(2)完成移动端首页上传。

# 情境 5
# 服装店铺的网店美工

## ▣ 情境导航

2000 年伊韵儿品牌诞生，并在各地区拥有实体店；2019 年，伊韵儿计划拓展网络销售渠道，开设淘宝 C 店。伊韵儿崇尚简约、自然得体的品牌理念，让生活与时尚融为一体，寻求大自然与人的舒适、和谐，追求活力、自由的无限魅力空间，在伊韵儿品牌中体会轻松、自信、积极乐观的生活态度。

小孙是某职业学校的毕业生，他接受了伊韵儿网店美工的工作，计划从以下任务入手：

（1）制订视觉设计方案。伊韵儿定位为高端女装品牌，为了使网店装修符合品牌形象，需要重新设计伊韵儿女装店的视觉效果。

（2）设计首页。首页是店铺的门面。在新的视觉设计方案中，需要体现品牌的简约、大气。首页设计包括 PC 端和移动端。

（3）设计详情页。详情页是网店美工的重点任务，详情页设计风格直接体现商品的品质和特征。

（4）上传商品。按照店铺视觉的设计方案，设计主副图，并将主副图和详情页上传到店铺。

（5）上传首页。上传商品后，准确地上传 PC 端和移动端店铺的首页，确保首页各个商品都有完整的超链接。

## ▣ 学习目标

通过本情境的学习，应达到的具体目标如下：

### ● 知识目标
了解服装类商品客户定位及心理分析；
熟悉模特精修技巧；
熟悉首页和详情页规划的方法
熟悉淘宝网店网店美工工作流程。

### ● 能力目标
能制定完善的视觉设计方案；
能精修人物模特；
能规划网店首页及详情页；
能完成复杂的网店美工工作。

### ● 素质目标
培养学生独立思考能力；
提高学生解决问题的能力；
培养学生创新思维；
提高学生法制意识。

 (decorative arrows)

# 任务1
# 制订视觉设计方案

## 活动　制订服装店铺的视觉设计方案

### 1.客户群体定位与风格

伊韵儿女装定位为高端女装品牌,主要客户群体为都市白领、企业老板、精英女性、小康生活的家庭主妇、高冷女神等,这些客户具有以下特征:

①对时尚要求很高;

②性格成熟稳重;

③相对于价格,更注重质量和款式;

④对生活质量要求高。

### 2.客户群心理分析

伊韵儿女装客户为精英女性,视觉设计一定要符合这一群体的消费心理。伊韵儿女装客户心理具有以下特征:

①具有高客单、高品质的消费心理;

②对于感觉和身份识别很注重;

③对品牌氛围有一定挑剔。

结合消费心理所总结的特征,总结视觉设计的关键词:"轻奢"。

### 3.配色基调

根据色彩的特性,不同的色彩能给人不同的感受。高端轻奢的服装品牌应该如何从色彩去表现呢?黑色、灰色能给人高端的感觉;金色、卡其色能让人感受到尊贵。

伊韵儿女装店将主色调定为灰色(包括深灰和浅灰),辅助色调定为金色、卡其色和白色,如图5.1所示。

图5.1　配色表

#### 4.字体选择

字体选择尽量时尚大方，根据伊韵儿服装特点以及客户定位，伊韵儿旗舰店选用《时尚芭莎》的常用字体：Steelfish常规、微软雅黑以及方正兰亭黑简体（方正系列字体可能存在版权问题，可以换成近似字体）。

#### 5.模特形象选择

服装类商品都需要模特展示，模特的形象能直接体现商品定位，比如大码服装特意找稍胖的模特，中老年服饰使用中年人做模特等。伊韵儿定位高端，欧美模特能给人高端的感觉，所以模特以欧美年轻时尚女性为主。在模特形象方面，要求眼神飘移，姿势优雅，表情高冷，如图5.2所示。

图5.2　模特形象选择

**阶段练习**

（1）搜索并下载活动中提到的字体。

（2）根据本活动的配色方案，制作一幅广告图。

（3）回顾以前所学的内容，结合自己的感知和生活常识，给下列关键词配置主色调。

　　A.科技　　　　B.健康　　　　C.童真　　　　D.梦幻

## 》》》》》》任务2
## 设计首页

为了确保首页的整体风格统一可控，店铺计划对首页做一个整体设计。首页主要涉及三个部分：店招（含导航栏）、轮播海报以及三推商品。

## 活动1　准备图片

### 1.图片选择

商品图片尽量选择能清晰展示商品特征的全图,如图5.3所示。伊韵儿新款毛呢外套,主推黑色款,该款适合做首页图片的有6张,可以根据海报主题以及海报构图选择适当的首页用图。

图5.3　黑色毛呢外套

伊韵儿女装的理念是件件精品,店铺商品数量不多,在设计首页的时候所有商品都可能进入首页,所以所有商品都需要准备图片(即使这次不用,也可以用于下次首页更新,或者商品上传)。

图5.4　上衣短裙套装原图

### 2.图片处理

图片处理主要针对新的商品图片,常规的人物模特处理步骤包括:抠图→修复→磨皮→修型→质感→调色。伊韵儿旗舰店使用黑色和灰色为店铺视觉设计的主色调,已经拍摄完毕的商品图片的背景基本都是灰色,所以并非所有商品都需要抠图。本次图片处理的步骤为:处理背景→修复→磨皮→修型→质感→调色,以上衣短裙套装为例,如图5.4所示。

步骤1:背景处理。使用Photoshop打开上衣短裙套装的素材图片,可以看到人物左右两边的背景都有一些痕迹,不够光滑,需要处理,具体操作如下:

①使用套索工具选出大致人物轮廓,注意要将头发和人物模特的背影选中,选择"反选"(按

"Ctrl+Shift+I"组合键），"羽化"（按"Shift+F6"快捷键），羽化半径大概5~10像素即可。

②模糊操作：点击"滤镜"→"模糊"→"表面模糊"，模糊半径可以根据具体效果来选择，建议在60像素以上，如图5.5所示。

图5.5　表面模糊操作

步骤2：瑕疵修复。瑕疵修复主要是对人物模特和商品本身存在的一些缺陷进行修复。本次处理的商品图片没有瑕疵，不用做修复处理，但是模特的脸部和小腿需要做瑕疵修复，具体操作如下：

放大图片，找到需要修复的位置，使用污点修复画笔工具在需要修复的位置涂抹，完成后松开鼠标即可。

步骤3：磨皮。磨皮主要是对模特的皮肤进行处理，让模特的皮肤更加光滑，提升模特的美感。如果安装有专业的磨皮滤镜，如Portraiture，可以使用磨皮滤镜磨皮；如果没有安装专业的磨皮滤镜，可以使用高斯模糊。具体操作如下：

①复制准备磨皮的图层，使用快速选择工具选中模特裸露的皮肤，尽量不要选中无关的部位，如模特手上和脖子上的饰品。

②羽化（按"Shift+F6"快捷键），羽化半径不要太大，建议1像素。

③高斯模糊，模糊半径设置为3像素。

④使用高斯模糊使得人物五官变得模糊，轮廓感也减弱。在没有取消选择的情况下，创建蒙版，使用黑色画笔擦除五官、手腕、手指以及其他轮廓比较分明的区域，如图5.6所示。

步骤4：修型。模特的形体或形态能直接传递服装的美感，所以通常要对模特做修型处理。本次修型主要为模特的"收腰"和"瘦腿"。

图5.6　使用蒙版擦除五官以及其他轮廓比较分明的区域

①盖印处理（按"Ctrl+Shift+Alt+E"组合键）。

②液化修型，为模特"收腰"和"瘦腿"，液化操作时尽量增大画笔半径，从较远的地方拖动。如果担心不需要变动的地方被影响，如模特左手臂，可以冻结蒙版层（按"F"键），涂抹左手臂后，然后再做液化处理，如图5.7所示。

图5.7　液化操作

**思政园地**

### 摒弃"以瘦为美"的畸形审美观

近年来，在社会上广泛流行着"以瘦为美"的审美标准，"马甲线""A4腰""直角肩""漫画腿""锁骨放硬币"充斥着网络，一次次刷新人们的眼球。在当今社会大街小巷，到处都能听到人们"吼着"减肥的声音，其中不乏那些本身体型就不胖的女性，可是她们依然热衷减肥，甚至有人因减肥而影响了身心健康。

瘦并不是美的唯一标准，人生中有许多比追求美丽的外貌更有价值的事，年轻人应该放下对于身材和容貌的执念，学会爱自己、欣赏自己、接纳自己。

步骤5：质感。提升质感主要通过高反差保留操作，强化图片轮廓。

①复制液化后的图层，点击"滤镜"→"其他"→"高反差保留"，半径建议设置为1像素。如果后期认为1像素不够，可以复制本图层来强化。

②将高反差保留操作的图层混合样式设置为柔光，通过展现和隐藏图层的方式，发现效果不明显，将这个图层多复制几次，直到达到自己满意的效果为止。建议将高反差保留的多个图层全选，并建一个组（按"Ctrl+G"快捷键），如图5.8所示。

图5.8　设置图层混合样式并复制图层

步骤6：调色。调色的方式有很多，这里推荐使用亮度对比度+曲线的方法，利用调整图层实现调色，具体操作如下：

①添加亮度/对比度调整图层，适当增加亮度和对比度。

②添加曲线调整图层，适当调整即可，如图5.9所示。

图5.9　调色操作

通过以上6个步骤的操作，得到最终效果图，可以与原图对照处理效果，如图5.10所示。

图5.10　处理前后对比图

以上是常规的不用抠图的服装模特处理过程，但实际使用过程中，需要根据图片的需求进行处理，甚至包括要重新抠图。

**阶段练习**

（1）常规的人物模特处理步骤包括哪些?

（2）高反差保留操作的主要作用是什么? 请简述操作步骤。

（3）调色的工具有哪些? 请尝试用教材中没有提及的工具完成调色。

（4）从模特素材中选出首页制作需要使用的图片, 按照上述操作, 完成图片准备工作。

## 活动2　设计PC端首页

### 1.首页规划

为了保证页面的整体统一, 制作首页之前要先做好整体规划。伊韵儿女装定位高端, 首页也应该体现出简约震撼的感觉, 所以首页设计为全屏首页, 即宽度为1 920像素。首页结构包括店招及导航栏, 焦点全屏海报及商品热卖推荐, 具体结构如图5.11所示。在首页制作过程中将会产生较多的图层, 完成每一个区域都应该将相关图层选中, 建立分组。

### 2.店招设计

店招本身只有120像素的高度, 但是为了整体性, 这次设计直接将店招和导航栏的30像素放在一起. 也就是设计150像素的店招, 操作步骤如下:

步骤1: 打开Photoshop, 新建宽度为1 920像素、名称为"首页"的图片, 填充灰色(#D2D2D2)为背景色。

步骤2: 添加150像素的水平参考线, 新建图层, 将图片顶端150像素高度的区域全部填充为深灰色, 颜色代码为#1E1E1E。如果觉得颜色太深, 可以适当改变颜色代码, 如#252525。

图5.11　首页规划图

步骤3: 划分导航栏区域。店招和导航栏一起设计完成, 但在制作过程中还是要加以区分, 新建120像素的水平参考线, 两条参考线中间形成30像素的导航栏。在120像素和150像素的参考线上, 各画一条两像素纯黑(#000000)的线条, 添加投影, 图层混合模式设置为柔光, 颜色设置为白色(#FFFFFF), 不透明度为30%, 距离为1像素, 扩展和大小为0, 参数如图5.12所示。

步骤4: 完成店招部分。女装定位为高端尊贵, 所以店招不宜做得太过复杂。这里仅放置Logo、少量品牌定位的文字以及促销信息, 颜色以金色为主。

①Logo设计。

伊韵儿网店秉承高端大气的理念，Logo使用Eruner英文全拼为设计基础，Logo左右均为ER两个字母，字母上添加白色菱形纹路，中间使用菱形色块并配上字母UN，下方配"伊韵儿女装"5个汉字，最终效果如图5.13所示。Logo在店招上使用金色渐变填充，颜色代码从左到右依次为#F3C89B（位置0%），#CEA87B（位置35%），# F3C89B（位置72%），#C5A074（位置100%），如图5.14所示。

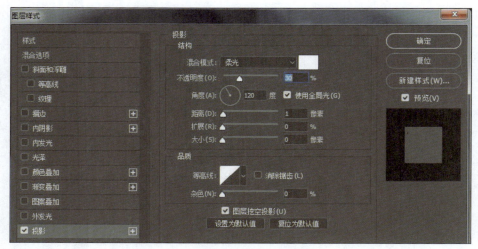

图5.12 为导航栏直线设置投影

图5.13 伊韵儿女装Logo

图5.14 添加渐变填充

②品牌定位文案。

品牌女装，简欧美，轻奢华。字体为微软雅黑，大小为16点。

③促销信息。

本期的促销方式主要为"满减"优惠券，满200减10元，满300减20元，满600减50元，满800减100元。文字使用接近背景的黑色（#252525），背景使用金色渐变叠加，颜色与Logo各元素渐变填充一致。

步骤5：完成导航栏制作。导航栏设置"首页""热卖推荐""每周更新""连衣裙""T恤/卫衣""衬衫/雪纺衫""毛衣/针织衫""风衣/短外套""毛呢外套""裤装"十个分类，并预留搜索框和搜索按钮，字体为微软雅黑，大小为13点，颜色为#AAAAAA，文字背面添加黑色椭圆按钮。

店招制作完成，选中除背景外的所有图层和分组，建立"店招"分组（快捷键"Ctrl+G"）。店招最终效果如图5.15所示（图片已裁掉两边黑色无内容部分）。

图5.15　店招效果图

### 3.海报制作

第一个海报通常是最能吸引客户眼球的，通常用于店铺活动宣传或者店铺爆款商品推广。本次海报的商品是店铺新品：毛呢大衣。全屏的海报会比较震撼，但是目前主流PC端的分辨率为1 920像素×1 080像素，即一屏的高度为1 080像素，所以店招与海报总的高度最好不要超过1 080像素。操作步骤如下：

步骤1：抠图。为了给海报添加一个有质感的背景，所以要先对商品图片做抠图处理。本次抠图采用蒙版遮盖原来背景的方式完成。

①打开模特图片，复制图层，使用钢笔工具抠出人物，这一步操作忽略飘逸的发丝。

②再次复制模特图，用多边形套索工具选取模特头部包括飘逸发丝，点击上方工具属性栏的调整边缘（有的版本叫作选择并遮住），视图选择黑底；使用调整边缘画笔工具点击或涂抹飘逸发丝的边缘灰白色区域，直到灰白色区域全部消失；之后输出区域选择图层蒙版，点击"确定"按钮。如果发现发丝边缘还有一些灰色区域，可以在蒙版上使用加深工具适当涂抹。

③完成上述操作之后，只保留上述两个图层可见，执行盖印（按"Ctrl+Shift+Alt+E"组合键）。为提升质感，执行高反差保留操作（点击菜单栏"滤镜"→"其他"→"高反差保留"）半径

为1像素，图层混合模式设置为柔光。

④上述抠图还是会使发丝减少，如果有画图板，可以用画笔工具手动画出一些发丝添加到对应位置。

⑤为模特添加投影。新建图层在模特右后方添加阴影（阴影在模特自己的左手边），使用深灰色（如#1E1E1E）、硬度为0的画笔在人物的左手一侧画出阴影作为人物背影。除了背影外，人物身上的明暗部位也需要做一些简单的调整。

将上述5个图层移动到首页PSD图中，如图5.16所示（考虑到海报要与店招整体协调，展示海报的图片都放入了店招，下同），并建立组，命名为模特。

图5.16　首页模特效果图

步骤2：制作背景。新建两条水平参考线，位置分别为150像素和1 045像素，新建图层，选中两条参考线之间的区域填充为深灰色，建议颜色为#1E1E1E。

从素材中打开海报背景图，并放置在深灰色图层的上方，将图层混合模式改为明度，移动背景图片图层，使丝绸褶皱比较多的区域保留在海报背景区，最后效果如图5.17所示。

步骤3：模特与背景融合。背景和人物模特放在一起显得不是很和谐，存在模特与背景脱离的情况，如图5.18所示。这里需要做一些光影的处理，确保模特与背景融合，让视觉效果更加和谐。

分析模特和背景光源方向，模特的主光源来自左前方，背景光源来自顶端稍微靠后一点的位置（如果无法判断可以单独查看未处理前的背景图），做到光源一致，整体视觉效果自然会和谐。

①背景处理。

在原背景元素图层中添加蒙版，用黑色硬度为0的画笔涂抹海报背景区上方和中间区域，在中间形成暗部，改变原来顶端光源的效果。

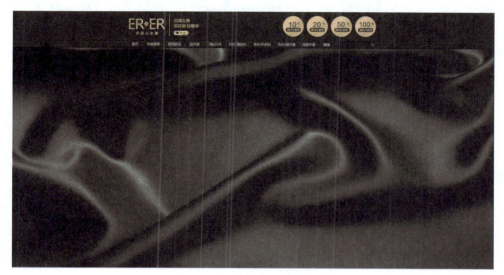

图5.17　海报背景效果图

图5.18　模特与背景脱离

②人物处理。

新建图层，使用矩形工具框画出和海报背景一样大小的区域，填充为灰色（#808080），将图层混合样式设置为柔光，不透明度为50%。将抠取人物模特图时（除头发外的完整轮廓）的蒙版应用于本图层，考虑光源在人物身上造成的明暗区域，分别用加深工具（高光部位）和减淡工具（暗部区域）在蒙版中涂抹，直至达到满意的效果为止。最终效果图如图5.19所示。

图5.19　模特与背景融合的效果图

　　步骤4：添加文案。文案操作相对比较简单，只是要注意字体的选用，建议平时多搜集字体，以便使用符合相应场景的字体，这里的文案除了两排较大的英文字母使用了Steelfish，其他的英文字母均使用了方正兰亭中粗黑_GBK，文字颜色为灰色，在文字上方添加能完全覆盖文字的矩形框，填充店招使用过的四色渐变填充，之后创建剪贴蒙版。"每周上新·全场包邮"的文字则采用深灰色，金色渐变矩形条作背景，如图5.20所示。

图5.20　添加文案的海报

步骤5: 完成海报。海报大体已经完成,但还需要最后一些操作。

①添加分割条。

在海报底部添加分割条。

②强化黑白关系。

海报为体现质感,以灰色和深灰为主色调,所以在海报各元素上方添加一个渐变映射的调整图层。为了不改变人物皮肤和文字颜色,将图层混合模式设置为柔光,不透明度为20%。

③为海报组添加蒙版。

之前加入的海报背景图还有一部分是多余的,刚才添加的渐变映射会影响海报以外的区域,所以这里要为整个海报组添加一个蒙版,控制显示范围。操作时,要先将海报相关的图层全部放入海报组,按住 "Ctrl" 键,点击海报背景图层载入选区,在海报组上添加蒙版即可。海报与店招最终效果图如图5.21所示。

图5.21　海报效果图

**4.热卖推荐**

热卖推荐板块制作相对简单。第一个热卖区通常最具有吸引力,在设计时将这个区域设计为商品分类,以增加消费者停留时间,加深访问深度。由于第一个热卖推荐不宜过长,所以这里设置三个分类放大图,其他分类用形象图代替。

步骤1: 制作背景。采用灰色渐变背景,加入有立体感的几何图形,在分类展示区用白色背景,下方使用分割线,最终效果图如图5.22所示。

图5.22　热卖专区背景图

　　步骤2：加入分类图片。"热卖单品""冬季新品"和"连衣裙"三个分类使用商品图，使用剪切蒙版控制显示区域，其他的图片使用形象图代替，效果如图5.23所示。

图5.23　热卖专区加入图片效果图

　　步骤3：添加文案。这里的文案会产生较多的图层，建议按照商品分类建立分组。

　　"热卖单品""冬季新品"和"连衣裙"三个分类的标题文字加了背景、方框等修饰元素，在英文标题中间添加了汉字（汉字的显示区是直接在英文图层上建立蒙版控制显示区域而形成的），此处字体以及颜色的使用与海报字体保持一致。其他几个分类的文字相对较小，文字与图片之间加入指向性的三角符号。最终效果如图5.24所示。

**5.完成首页剩余内容**

　　首页剩下的内容基本是全屏海报和热卖专区的重复，但是为了避免审美疲劳，在制作工程中加入了一些变化，比如在第2张海报之前加灰色的灯饰，热卖专区商品的数量和版式都在变化。

图5.24　热卖专区效果图

为了得到更好的视觉效果,每一张海报(第一张除外)的高度都必须保持一致,每一个热卖专区(第一张除外)的宽度保持一致,在制作过程中一定不要吝惜使用参考线。

为了方便顾客浏览网店,可以考虑在首页底添加一个返回顶部的按钮。

最终首页效果如图5.25(a)、(b)所示。

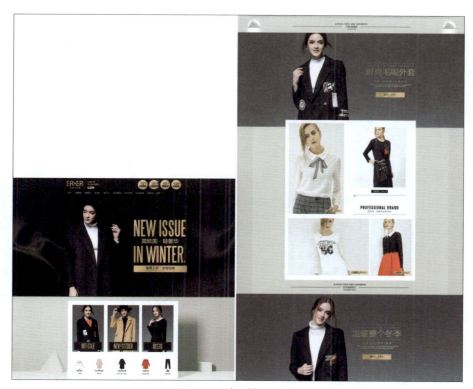

图5.25　首页效果图(a)

图5.25　首页效果图（b）

**阶段练习**

（1）尝试用本活动抠取头发的方法，完成模特头发抠图。

（2）练习使用本活动调整光源方向的操作方法。

（3）使用渐变叠加为图层添加颜色时，新加入的色彩会受到图层原有色彩干扰吗?

（4）完成首页制作。

## 活动3　制作移动端首页

伊韵儿女装定位高端，走欧美简洁风，所以店招保持主体色调即可，不必再做过多设计。

伊韵儿女装旗舰店经过慎重考虑，决定将PC端首页重新布局，调整字号，制作一个宽度为640像素的移动端首页。

### 1.首页规划

移动端首页采用类似PC端首页的设计风格，即按照商品系列"海报+热卖推荐"的布局方式，但也会有一些变化，如店招无法再做较为复杂的设计，促销信息代替了第一个热卖推荐，所有的热卖推荐都变成了两列式排版，如图5.26所示。

### 2.首页制作

移动端的Logo是自己上传的，所以直接做成金色渐变。店招较小，应尽量简约，把"品牌女装简欧美轻奢华"的品牌定位语输入即可，但要注意文字的

图5.26　移动端首页规划图

位置，不要被系统默认产生的内容遮挡，如图5.27所示。

　　导航区仅付费用户可更改底色，所以这里无法做任何处理，制作时可以直接留白。

　　首页部分制作方式在PC端首页制作的时候已经有详细讲解，这里不再复述，仅需要调整大小和位置即可。

　　移动端首页完成的最终效果如图5.28所示。

图5.27　店招及导航栏

图5.28　移动端首页效果图

**阶段练习**

使用现有的PC端首页,经过修改制作成移动端首页。

# 任务3
# 设计详情页

详情页是网店美工的重要组成部分,是商品信息最重要的传递途径,通常情况下能让消费者做出是否购买的决定,所以详情页必须准确传递商品的内涵,促使消费者产生信任感,最终达成交易。

## 活动1　规划详情页

详情页设计遵循任务1的视觉设计方案,使用灰色和金色为主色调,整体简约时尚、高端大气。伊韵儿女装的价值呈现为"简欧美,轻奢华",所以在详情页制作中将大量使用英文,衬托简约奢华和欧美风,但是销售受众主要还是国内消费者,所以也要有适量的中文字符。

第1部分:商品形象,为商品做特性定位。

第2部分:潮流趋势,展示时下时尚,暗示消费者,本商品符合甚至引领当下潮流趋势。

第3部分:穿着场景,表现服装的可以穿着的场所。

第4部分:设计亮点,通过商品细节信息,突出商品设计亮点。

第5部分:商品信息,展示商品的材质、颜色、尺码等信息。

第6部分:模特展示,通过模特从各个角度展示商品。

第7部分:细节展示,展示商品细节,增强消费者购买的信心。

第8部分:品牌故事,强化伊韵儿女装品牌。

本次在商品详情页中没有加入关联营销,主要是为了增强消费者购物体验,也体现出卖家对这款商品的自信。

## 活动2　制作详情页

### 1.图片准备

本次需要制作详情页的商品为毛呢外套,商品编号为26412233071,服装有三色可选,详情页主要呈现黑色款。

　　详情页和首页不一样，首页通常一个商品准备一张图片即可，详情页的图片需求量较大。详情页也需要选择图片并完成图片处理。详情页的图片选择相对简单一些，如果多张图片无法抉择的时候，可以几张图一起用。详情页的主色调是灰色和金色，灰色主要用作背景，金色主要用于文字，商品图片背景就是灰色，所以除了特殊需要以外，可以不用抠图。图片处理与首页制作时图片处理基本一致，这里不再重复。

### 2.详情页制作

　　制作详情页的时候将不再使用首页的背景色，因为服装是黑色的，商品图片主要是浅灰色，接近首页背景色，所以这里将使用深灰色作为详情页背景，颜色代码为#1E1E1E。

　　步骤1：商品形象。商品形象是详情页的第一张图片，这一张图传递的信息是整个详情页的基调，所以这里需要注意三个问题：第一. 选对图片；第二，传递商品价值；第三，美观大方，与店铺整体风格一致，可参考FAB法则。

　　主要操作如下：

　　①新建图片，宽度为750像素，高度可以设定在15 000像素左右，填充背景色（#1E1E1E）。添加 水平参考线，位置为1 080像素，控制商品形象图片的高度，不能超过一屏的高度。

　　②导入模特图。考虑到整体美感和详情页篇幅，通过剪贴蒙版控制显示区域，如图5.29所示。

　　③添加文案。添加文字一方面可以对图片进行补充说明，另一方面也可以增强图片的美观度。这里主要使用了3种字体，汉字为汉仪大宋简，英文为Didot HTF B96 Bold Ital和Arial。文字颜色为#D1A97B，也可以选更暗的黄色。

图5.29　商品形象导入模特图

　　顶部英文主要用作装饰，强化商品区美风属性，但是为了模特美观，使用蒙版控制显示区域，确保文字不会挡住模特（如果模特已抠图，调整图层顺序即可）。左下角英文主要展示宝贝的特征属性，注意不要有错误的翻译。在图片右偏上的位置处输入"魅力知性"，加上含义相近的英文"FASHION"，使用边框提升文字吸引力，完成商品形象图的制作，如图5.30所示。

图5.30　商品形象图

步骤2：潮流趋势。通常详情页的第二部分内容是关联营销，伊韵儿女装为了提升用户体验，去掉了这一部分内容，设置了潮流趋势这一部分内容。

①栏目标题。栏目标题的作用是为了方便消费者浏览，不需要过多的设计，直接在背景上输入中英文标题，加上一个条纹即可，如图5.31所示。

图5.31　制作栏目标题

图5.32　导入模特图

②导入模特图。潮流趋势部分使用左右结构，左边为模特图，右边为当下流行的时装图片，根据视觉习惯，左边的图片最好选择略侧向图片中间方向的模特图。导入图片后使用剪贴蒙版控制显示范围和位置，模特身体侧向中间，可以露出一段腿，如图5.32所示。

③展示潮流元素。导入潮流元素图片，使用剪贴蒙版控制显示。考虑到肖像权的问题，应当事先取得他人的书面同意。为了提升潮流元素的图片与模特图视觉上的和谐，可以为剪贴蒙版增加投影效果，如图5.33所示。

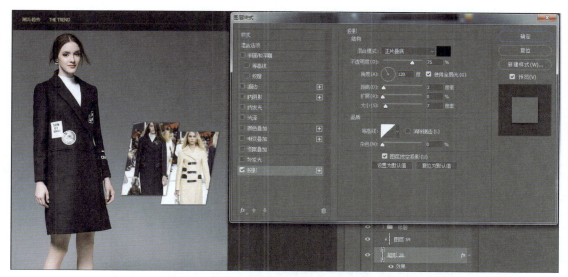

图5.33　为潮流元素剪切蒙版增加投影效果

　　④添加文案。标题已有"潮流趋势"的汉字，所以此处只写英文，不再添加中文说明，如图5.34所示。

图5.34　潮流趋势效果图

步骤3：穿着场景。

　　①栏目标题。直接复制上一个栏目的标题，修改文字，移动到潮流趋势图片的下方即可。

　　②导入场景图片。在导入场景图片之前，先添加一个比背景色更深的灰色背景，颜色代码为#111111，深灰色背景在标题区下方。确定服装可以穿着的各种场景，并准备对应的场景图，场景图的色调要符合页面的整体风格。导入图片，通过剪切蒙版控制显示。

③添加文案。文案包括三部分组成,背景、修饰和文字。此处背景使用纯黑色、80%不透明度的矩形区域,修饰使用两条横线,文字使用大标题和文字组合,标题用中文,描述文字使用中文+英文翻译,如图5.35所示。

图5.35　穿着场景效果图

步骤4:设计亮点。

①栏目标题。直接复制上一个栏目标题,修改文字即可。

②导入图片,包括左侧模特图和阐述设计亮点的图片,图片使用剪贴蒙版控制显示区域。阐述设计亮点的剪贴蒙版形状加5像素的黄色描边,添加投影效果。

③添加指向线。将阐述设计亮点的图片摆放在合适的位置,使用折线和小圆点,将亮点细节在模特图上标出。

④添加文案。设计亮点完整描述需要太多文字,不符合视觉设计风格,所以这里仅用中英文描述放在相应位置。最终效果图如图5.36所示。

图5.36　设计亮点的效果图

步骤5:产品信息。产品信息往往是详情页设计比较复杂的一个栏目,服装类产品信息通常都会包括宝贝的基本属性、颜色展示、尺码推荐、洗涤说明等内容。伊韵儿女装网店视觉设计方案中虽然要求简洁大方,但是产品信息有助于提高消费者对产品的认识,所以不要刻意省略其中的内容。

①栏目标题。

栏目标题可以通过"复制"→"移动"→"修改文字"完成。完成栏目标题后，为本栏目添加深灰色（#111111）的背景，标题区不包括在内。

②模特信息。

消费者通过图片看不出模特的身高、体重等信息。外套穿在自己身上会怎么样？消费者没有想象的参考依据，所以这里提供了模特的身高、体重及三围信息，这些信息也为消费者挑选适合自己的尺码提供参考。

操作过程：先导入图片，使用剪贴蒙版控制显示区域，之后添加文案即可，效果如图5.37所示。

图5.37　模特信息

③基本资料及产品指数。

基本资料的制作要注意左边对齐以及每条属性的间隔要一致，属性名称要有英文翻译，每两条属性之间用"————————"隔开。

产品指数是对基本资料的一个补充说明，让消费者可以更直观、感性地了解宝贝，设置"厚度""弹力""版型""软度"4个指数，4个指数根据程度设置4个选项，用方框表示选中。最终效果如图5.38所示。

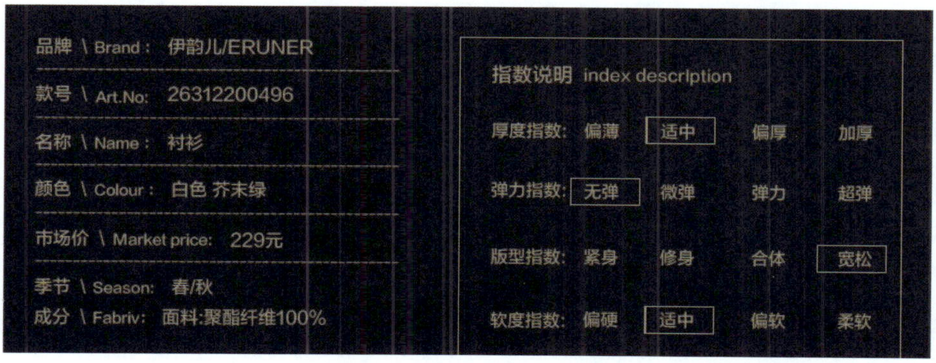

图5.38　基本资料和产品指数

　　以上两部分没有直接要求在文字和图形元素上使用金黄色，而是在所在图层编组通过颜色叠加的形式加入金黄色。其优点是可以批量更换颜色，在制作详情页的时候，如果较多颜色没有完全确定，或者需要对较多的图层批量修改颜色，都可以使用这种方法。不过这种方法的缺点是，组内的所有图层颜色都会被改变。

　　④尺码信息及尺码推荐。

　　尺码信息的制作比较简单，输入尺码信息标题，加上黄色底线。为了避免后期字体的大小调整时带来格式错乱，建议每一列使用一个文字图层，大小为18点。如第一列，输入"尺码"之后按回车键，再输入"S"后再按回车键，以此类推，确保第一列全是尺码，且在一个文字图层中，输入完成之后点击居中按钮。

用Excel做尺码推荐

由于测量未必百分之百准确，所以要加上对误差的温馨提示。尺码信息中全部都是文字，可最后为整个组添加金黄色的颜色叠加，效果如图5.39所示。

| 尺码信息 SIZE INFORMATION | | | | | |
| --- | --- | --- | --- | --- | --- |
| 尺码 | 裙长 | 胸围 | 肩宽 | 袖长 | 袖口 |
| S | 78 | 89 | 39 | 39 | 26 |
| M | 79 | 92 | 39 | 40 | 28 |
| L | 81 | 95 | 40 | 41 | 29 |
| XL | 82 | 99 | 41 | 41 | 30 |
| 温馨提示：平铺测量，单位:cm不拉伸，不考虑弹性范围内的数据，误差1 cm-2 cm | | | | | |

图5.39　尺码信息图

　　尺码推荐的文字部分内容与尺码信息类似，每一列使用同一个文字图层，大小大致为12点，先将12列文字均匀地排列开，为绘制表格做准备。

　　绘制表格前应该先计算一下表格的大小，去掉第一行表头，应该为6行12列，表格两边各留15像素，剩下720像素（750-15×2=720），所以每个表格的宽度为60像素。通过新建参考线画出第一条竖线，复制这条直线并且移动到60像素之后的位置（用参考线确定），随后可以用这两条参考线复制并移动的方式画出13条竖线。表格的高度不用计算，在文字中间画横线，可以用最开始的两条横线复制并移动的方式画出高度一致的7条横线。通过调整直线和竖线的位置绘制出表格。

　　完成表格绘制之后，需要在相同推荐尺码的位置处添加相同的颜色，按照上面给组添加调整图层的方法，只需要给相同的尺码填充相同的色块，最后放在同一个图层编组中即可。"/"部分可以不选，直接使用背景颜色。同一列出现相同尺码的概率更大，建议色块的方向竖着选。为了使颜色整体统一，叠加相同的金黄色，通过不透明度调整颜色的显示效果，如S码不透明度为15%，M码和S/M码不透明度为30%，L码和M/L码不透明度为45%，XL码和L/XL不透明度为60%。最后加上温馨提示，尺码选择推荐表完成，效果如图5.40所示。

| 尺码选择推荐 | | | | | | | | | | |
| --- | --- | --- | --- | --- | --- | --- | --- | --- | --- | --- |
| 身高/体重 | 41 kg | 43 kg | 45 kg | 47 kg | 49 kg | 51 kg | 53 kg | 55 kg | 57 kg | 59 kg | 61 kg |
| 150CM | S | S | M | M | M | L | L | L | L | L | XL |
| 155CM | S | S | S | S/M | M | M | L | L | L | L | XL |
| 160CM | S | S | S | S | M | M | M | M/L | L | L | XL |
| 165CM | / | S | S | S | S | M | M | M/L | L | L | L/XL |
| 168CM | / | / | S | S | S | S/M | M | M | M/L | L | L |
| 170CM | / | / | / | S | S | S/M | M | M | M/L | L | L |

**PS:** 以上参考尺码均为买家真实试穿提供尺码,仅供参考,请根据自己的身高与体重的情况参考选择尺码。

图5.40　尺码推荐表

⑤洗涤说明。

洗涤说明板块需要较多的小图形,这些图形可以在网上搜索获得,之后通过颜色叠加改变颜色,效果如图5.41所示。

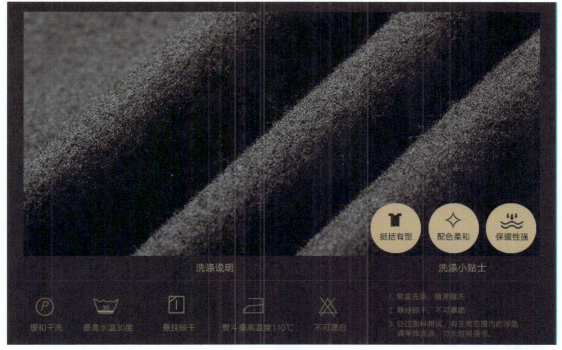

图5.41　洗涤说明

⑥颜色展示。

颜色展示是用于展示三个颜色的样式,确保大小一致,排列整齐,这里不再阐述作图过程,效果如图5.42所示。

图5.42　颜色展示

　　步骤6：模特展示。模特展示部分需要从各个角度通过模特展示商品的魅力，图片制作过程这里不再介绍，只要是能展示服装美好的一面的模特图都可以。不过这里应该注意两点：第一点，图片之间要做一个高度一致的间隔，伊韵儿女装详情页使用的间隔是一排金黄色的英文字母：BE ON THE CUTTING EDGE OF FASHIONS；第二点，是图片的大小问题，模特图都是竖着拍的，所以高度超出而宽度不足，如图5.43所示。几乎所有的模特图都需要补充两边的背景。这里建议使用内容识别填充法。如果模特图是智能对象，先将图片栅格化，再使用矩形工具选中需要填充背景的区域，同时将原来图片的背景也选中少许，点击"编辑"→"填充"→"内容识别"，再点击"确定"按钮，这样就可以将不足的背景补齐，如图5.44所示。

图5.43　模特图两侧需要补充背景

图5.44　使用内容识别补充模特背景

步骤7：细节展示。

①栏目标题的制作方法与其他部分标题一致。

②完成细节展示。细节展示的做法与模特展示基本一致。

步骤8：品牌故事。

①栏目标题，制作方法以其他部分标题一致。

②完成品牌故事。这部分主要用于展示品牌经营理念、展示品牌特色的时装以及线下门店，内容多但不复杂，只是需要注意对齐和留白，两边的留白至少10像素，如图5.45所示。

图5.45　品牌故事

步骤9：整体检查，完成详情页。

详情页的各个部分已经完成，最后还需要整体浏览，确保详情页整体协调，没有瑕疵。

考虑到左右边缘可能没有采用统一的对齐规则，而且左右两边可能存在遮挡，所以在详情页上左右各加9像素的背景色，最终效果如图5.46所示。

图5.46 详情页最终效果图

**阶段练习**

（1）说说颜色叠加的优点和缺点。

（2）完成详情页的制作。

（3）为另一件毛呢大衣完成套版操作。

# 任务4
# 上传商品

## 活动　上传商品

商品上传之后才会有商品的链接，这一链接是完成详情页关联营销和首页商品超链接的基础。商品上传在美工方面需要完成两部分内容：主辅图设计和详情页套版。

### 1.设计主辅图

主辅图一共包括5张图片，设计重点为主图和最后一张图，其他图片只要按照上述图片准备的操作，最后裁剪成700像素×700像素的大小即可。

（1）设计主图

主图通常可以添加图形和一些文字，比如Logo、促销信息、商品特性等，伊韵儿女装崇尚简洁，所以加上Logo即可。

步骤1：打开图片（直接打开制作详情页时经过处理过的图片，可以省去图片处理操作），调整画布宽度，将画布调整为正方形，用内容识别的方式填充背景不足的区域，如图5.47所示。

步骤2：图片处理。图片处理通常包括抠图→修复→磨皮→修型→质感→调色等几个步骤。如果用的是已经处理过的图片，可以省略这个步骤。

步骤3：裁剪。裁剪为700像素×700像素的图片。裁剪的时候要注意裁剪区域的选取，确保展示出服装最美的一面。

图5.47　填充背景区域

图5.48　主图效果图

步骤4：添加其他内容。这里仅需要添加Logo即可，如图5.48所示。

其他商品主图的制作只需要在这张图中，换掉商品图即可。

（2）设计辅图

由于主图设计相对简洁，这里的辅图与主图相比，仅少一个Logo，制作比较简单。

（3）设计最后一张图

最后一张图谈不上设计，通常用的是一张可以做主图的图片，抠底换成白色背景即可。白色背景是手淘上首页的基本条件，也是参与部分活动和少数淘宝客活动的基本条件，所以通常将第5张图做成白色背景。

（4）制作主图视频

主图视频是用60 s的短视频替代原来的主图位置（仍然需要上传主图，主图在视频播放时显示）。视频的信息量远远大于图片，能展示更丰富的商品信息，有需求的卖家可以考虑订购该功能。

**2.上传商品**

将商品主辅图和详情页切片图上传到图片空间，在系统的提示下，完成商品上传。如果详情页存在关联营销、领取优惠券、搭配销售等有超链接的内容，可以用Dreamweaver或者用购买模板的方式完成。

**阶段练习**

思考主图上可以添加哪些信息?

# 任务5
# 上传首页

首页上传包括PC端和移动端两部分,借助一些工具可以更快、更好地完成上传工作。

## 活动1　上传PC端

PC端首页可以大致分为三个部分:店招、轮播区和其他部分。在上传图片到店铺之前,最好将首页切片分成这三个部分。考虑到消费者访问网页时的响应效率,可以将除店招和轮播区以外的其他部分按照海报和热卖专区分开切片,切片完成之后上传到店铺图片空间。

### 1.店招上传

步骤1:在浏览器中利用搜索引擎,进入盛夏布局,完成注册并登录。

步骤2:在主配置界面输入相应内容。配置名称:店招(也可以自定义),主尺寸自定义为1 920像素×150像素,主背景图的地址为店招在图片空间的地址,平铺方式选"平铺",如图5.49所示。

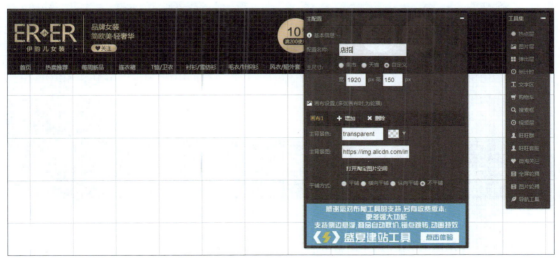

图5.49　盛夏布局设置主配置

步骤3:添加超链接。点击右上方的热点层,为导航栏的各个分类添加超链接。首页的超链接在后台的"店铺管理"→"查看淘宝店铺",点击即可获得链接。分类链接需要先进入"卖家中心"→"店铺管理"→"宝贝分类管理",新建好分类,把现在装修的模板备份一下,然后还原到淘宝最初的模板。进入店铺首页,就可以看到设置好的分类,点击"分类"即可获得链接。热点框的添加一定要规范,可以自己设定一些规则,如上位移统一为122像素,高度统一为25像素,宽度按照字符数设定为40像素、60像素和75像素,添加热点之后如图5.50所示。

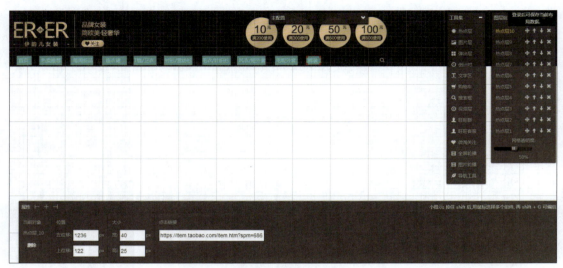

图5.50 为店招添加热点

步骤4:添加微淘关注。在店招中裁剪出"关注"对应的图片,上传到图片空间。在盛夏布局中点击"工具集"→"微淘关注"按钮,将按钮移动到店招图片关注的位置,输入"关注"图片的地址和店铺的微淘首页即可,如图5.51所示。

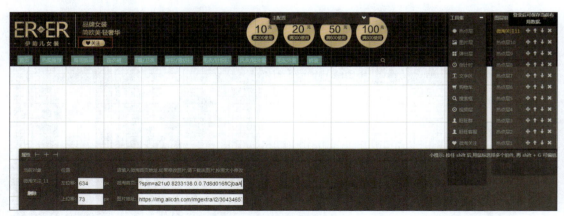

图5.51 添加微淘关注

步骤5:添加搜索。在店招中裁剪出搜索框对应的图片,上传到图片空间。在盛夏布局中点击"工具集"→"搜索框"按钮,在属性区域的显示风格区域中选择全透明,并在下方输入搜索框图片地址。按店招搜索框尺寸调整搜索框大小,调整完毕之后移动到店招对应搜索区,如图5.52所示。

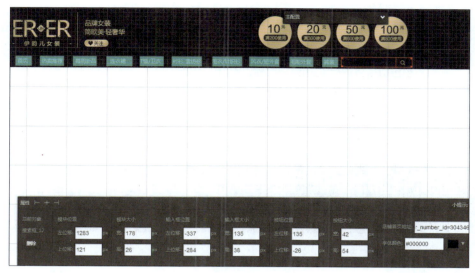

图5.52　添加搜索框

步骤6：生成代码。点击上方"生成代码"按钮，选择"生成集市店自定义代码"，即可生成代码，复制代码，如图5.53所示。

图5.53　生成代码

步骤7：植入代码。进入淘宝后台，点击"店铺装修"，在店招位置处点击"编辑"，选择自定义招牌，点击"源码"按钮，粘贴上一步生成的代码，点击"保存"按钮，如图5.54所示。

图5.54　自定义招牌代码框

步骤8：设置页头。虽然在盛夏布局中设置的是1 920像素的宽度，但是系统规定店招只有950像素的宽度。也就是说，店招两侧的内容仍然不能显示，解决办法是在加入页头背景图中，点击左侧的"页头"，在页头背景图处点击"更换图片"，上传店招图，背景对齐选择居中，发布站点即可，效果如图5.55所示。

图5.55 上传店招效果图

### 2.上传轮播海报

轮播海报在盛夏布局和码工助手中都能完成，下面仍然以盛夏布局为例。

步骤1：用浏览器进入盛夏布局，点击"全屏轮播"。

步骤2：在主配置界面中输入相应内容。配置名称：轮播（也可以自定义），主尺寸自定义为1 920像素×897像素（按照实际海报大小填写，全屏海报的宽度是1 920像素）。默认只有两个轮播图：即画布1和画布2，可以根据实际需要添加画布数量。在两个画布主背景图的地址处输入海报图在淘宝图片空间的对应地址，其他内容可以默认，完成之后将用于显示当前海报的数字图标移动到中间下方的位置，如图5.56所示。

图5.56 轮播海报主配置

步骤3：添加热点。分别为两个海报添加热点，热点尽量覆盖整个海报，即对热点属性做如下设置：位置左位移为0，上位移为0，宽为1 920像素，高为897像素，如图5.57所示。

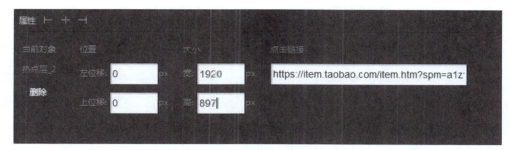

图5.57　轮播海报热点属性

步骤4：生成代码。点击上方"生成代码"按钮，选择"生成集市店自定义代码"，即可生成代码，复制代码。

步骤5：制作轮播海报区。在店招下方，添加自定义区，点击"编辑"，在代码界面粘贴上述代码。发布站点之后首页效果如图5.58所示。

图5.58　加入轮播海报的效果图

### 3.首页其他部分上传

其他部分分解之后就是海报和热卖推荐，为了提升消费者访问页面的效率，可以将剩余的海报和热卖推荐分开，按顺序上传。上传方式与店招上传相似，输入图片在图片空间的地址后在相应位置处添加热点即可。需要注意的是，第一个热卖专区的热点链接不是单个商品，而是商品对应的分类。其他海报的位置也可以做几张同样大小的海报，按全屏轮播图的方式上传。

**阶段练习**

完成PC端的首页上传。

## 活动2　上传移动端首页

移动端首页上传可以用盛夏布局上传移动端的方法上传，只是需要注意商品的链接，同一个商品移动端和PC端的链接是不一样的。虽然移动设备访问到PC端链接时会自动跳转到移动端链接，但这样做会降低页面响应效率。这里介绍更为简单的上传方式，即码工助手+码工在线辅助装修工具。在具体操作之前，也要将首页切片并上传到图片空间。

步骤1：下载并安装码工在线辅助装修工具的插件。建议使用谷歌浏览器、360浏览器或者UC浏览器，因为码工在线辅助装修工具目前仅支持这3个浏览器。

步骤2：进入操作界面。进入码工助手网站，点击"淘宝移动端装修工具"，如图5.59所示。操作之前要先登录，否则不能自动生成代码。

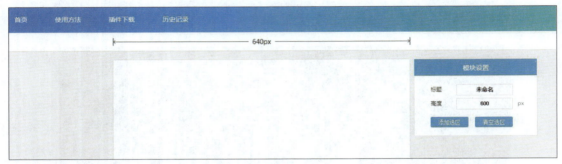

图5.59　码工助手淘宝移动端装修工具的界面

步骤3：导入图片。在模块设置中，将默认600像素的高度改成一个比第一张图片更高的像素，比如第一张图高1 500像素，可以将高度设置成2 000像素。设置高度之后点击"添加选取"，把产生的热点选区拖动到左上角，并在图片的位置处输入第一张图片的地址，如图5.60所示。

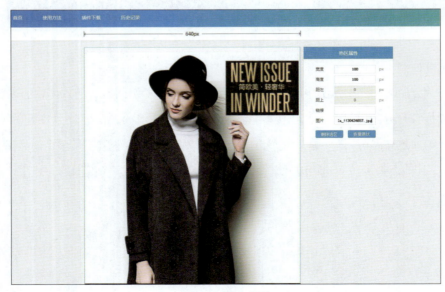

图5.60　导入图片

步骤4：添加热点。在下方空白区域中拖动，即可产生热点框，将热点区域框拖动到图片对应位置处即可，点击"热点属性"→"链接"的位置并输入商品移动端链接。使用这种方法，可以为首页的每张图片都添加热点，如图5.61所示。

图5.61　添加热点

步骤5：生成代码。点击右上角的"生成代码"按钮，生成之后点击复制代码即可完成复制，如图5.62所示。

图5.62　生成代码

步骤6：上传到移动店铺。进入移动端首页的装修界面，清空首页原有的内容，如图5.63所示。

点击浏览器地址栏最右侧的蓝色M图标，在弹出的工具界面中选择"手机自定义安装"，如图5.64所示。

图5.63　清空移动端首页

图5.64　码工辅助装修工具的界面

在弹出的"自定义模块源码"框中粘贴从码工助手复制的代码，点击"保存"按钮，如图5.65所示。

自定义模块源码

pe%22%3A%22userTrack%22%7D%2C%7B%22param%22%3A%7B%22param_in%22%3A%22userDefineItem_33%22%2C%22wp_pk%22%3A%22%24wp_pk%22%2C%22wp_app%22%3A%22weapp%22%2C%22from%22%3A%22inshop%22%7D%2C%22url%22%3A%22%24p4721clickUrl%22%7D%2C%22type%22%3A%22openURL%22%7D%5D%2C%22type%22%3A%22click%22%7D%5D%2C%22styleBinding%22%3A%7B%22height%22%3A%22709%22%2C%22marginLeft%22%3A%220%22%2C%22marginTop%22%3A%220%22%2C%22width%22%3A%22638%22%2C%22layout%22%3A%22absoluteLayout%22%2C%22marginBottom%22%3A18%7D%2C%22subViews%22%3A%5B%7B%22dataBinding%22%3A%7B%22url%22%3A%22%24p4721imageUrl%22%7D%2C%22styleBinding%22%3A%7B%22height%22%3A%22709%22%2C%22width%22%3A%22638%22%7D%2C%22type%22%3A%22image%22%7D%5D%2C%22type%22%3A%22container%22%7D%2C%7B%22editProperty%22%3A%7B%22hasRefer%22%3Afalse%2C%22moduleType%22%3A%22userDefineItem%22%2C%22type%22%3A%A1%2C%22moduleid%22%3A4722%7D%2C%22events%22%3A%5B%7B%22actions%22%3A%5B%7B%22param%22%3A%7B%22utParams%22%3A%7B%22wp_m%22%3A%22userDefineItem_35%22%2C%22wp_pk%22%3A%22%24wp_pk%22%2C%22wp_app%22%3A%22weapp%22%7D%2C%22utType%22%3A%22Button%22%2C%22utName%22%3A%22userDefineItem%22%7D%2C%22type%22%3A%22userTrack%22%7D%2C%7B%22param%22%3A%7B%22param%22%3A%7B%22wp_m%22%3A%22userDefineItem_35%22%2C%22wp_pk%22%3A%22%24wp_pk%22%2C%22wp_app%22%3A%22weapp%22%2C%22from%22%3A%22inshop%22%7D%2C%22url%22%3A%22%24p4722clickUrl%22%7D%2C%22type%22%3A%22openURL%22%7D%5D%2C%22type%22%3A%22click%22%7D%5D%2C%22styleBinding%22%3A%7B%22height%22%3A%221031%22%2C%22marginLeft%22%3A%220%22%2C%22marginTop%22%3A%22887%22%2C%22width%22%3A%22640%22%2C%22layout%22%3A%22absoluteLayout%22%2C%22marginBottom%22%3A18%7D%2C%22subViews%22%3A%5B%7B%22dataBinding%22%3A%7B%22url%22%3A%22%24p4722imageUrl%22%7D%2C%22styleBinding%22%3A%7B%22height%22%3A%221031%22%2C%22width%22%3A%22640%22%7D%2C%22type%22%3A%22image%22%7D%5D%2C%22type%22%3A%22container%22%7D%5D%7D%5D%2C%22container%22%7D%5D%7D%5D%2C%22type%22%3A%22p4720imageUrl%22%3A%22https%3A%2F%2Fimg.alicdn.com%2Fimgextra%2Fi2%2F30434657%2FTB2gkZQbC69F1JjSZPiXXXfCXXa_%21%211130434657.jpg%22%2C%22p4720clickUrl%22%3A%22%2C%22p4721imageUrl%22%3A%22https%3A%2F%2Fimg.alicdn.com%2Fimgextra%2Fi3%2F2546029780%2FTB2DtCDs4ImpuFjSZPfXXc9iXXa-2546029780.png%22%2C%22p4721clickUrl%22%3A%22http%3A%2F%2Fh5.m.taobao.com%2Fawp%2Fcore%2Fdetail.htm%3Fid%3D555294503079%22%2C%22p4722imageUrl%22%3A%22https%3A%2F%2Fimg.alicdn.com%2Fimgextra%2Fi3%2F2546029780%2FTB2DtCDs4ImpuFjSZPfXXc9iXXa-2546029780.png%22%2C%22p4722clickUrl%22%3A%22http%3A%2F%2Fh5.m.taobao.com%2Fawp%2Fcore%2Fdetail.htm%3Fid%3D555294503079%22%7D%7D

保存　　　取消

图5.65　复制源码

　　自动刷新之后，即可看到上传效果，如图5.66所示。

　　步骤7：完成首页上传。用上述方法，将剩余的首页上传到移动端即可。在上传过程中要注意，第一次上传的时候需要清空首页的所有内容，用上述方法上传首页剩余部分的时候，不要再做清空首页的处理。码工助手一次只支持10个热点，如果链接数超过10个，需要重新切片。

　　这种上传方式不支持轮播，如果要上传轮播海报，可以先上传除轮播外的剩余部分，再在上方从系统模块中添加轮播模块。

**阶段练习**

完成移动端首页上传。

图5.66　首页上传效果图

# "十四五"职业教育国家规划教材

商务软文写作（第2版）
主编：唐汉邦
书号：978-7-5689-0979-2

网络广告制作精选案例（第2版）
主编：李浩明
书号：978-7-5624-8579-7

网上开店（第3版）
主编：欧阳俊
书号：978-7-5624-9770-7

网店美工实战（第2版）
主编：孙 令
书号：978-7-5689-2184-8

直播电商基础（第2版）
主编：彭 军
书号：978-7-5689-2966-0

网店运营综合实战
主编：吴 成　　王 薇
书号：978-7-5689-2965-3

网店视觉营销设计与制作
主编：叶丽芬
书号：978-7-5689-2964-6

跨境电子商务实务
主编：李晓燕
书号：978-7-5689-2980-6

未完，待续……